Deutsch-russisches Energie- und Bergrecht im Vergleich

T0316432

Veröffentlichungen des Instituts für deutsches und europäisches Wirtschafts-, Wettbewerbs- und Regulierungsrecht der Freien Universität Berlin

Herausgegeben von Franz Jürgen Säcker

Band 1

PETER LANG

Frankfurt am Main · Berlin · Bern · Bruxelles · New York · Oxford · Wien

Franz Jürgen Säcker (Hrsg.)

Deutsch-russisches Energie- und Bergrecht im Vergleich

Ergebnisse einer Arbeitstagung
vom 31. März/1. April 2006

PETER LANG
Europäischer Verlag der Wissenschaften

Bibliografische Information der Deutschen Nationalbibliothek
Die Deutsche Nationalbibliothek verzeichnet diese Publikation
in der Deutschen Nationalbibliografie; detaillierte bibliografische
Daten sind im Internet über <http://www.d-nb.de> abrufbar.

Gedruckt auf alterungsbeständigem,
säurefreiem Papier.

ISSN 1863-494X
ISBN 978-3-631-56077-8

© Peter Lang GmbH
Europäischer Verlag der Wissenschaften
Frankfurt am Main 2007
Alle Rechte vorbehalten.

Printed in Germany 1 2 3 4 5 7

www.peterlang.de

Vorwort

Der Band vereinigt die Referate, die am 31. März / 1. April 2006 auf der Internationalen Tagung des Instituts für Deutsches und Europäisches Wirtschafts-, Wettbewerbs- und Regulierungsrecht in Berlin in Gegenwart von 30 russischen Spezialisten des Energierechts gehalten worden sind. Es ist das erste Mal, dass im Ausland auf einer Tagung das neue russische Energie- und Bergrecht in solcher Ausführlichkeit und Präzision von russischen Wissenschaftlern und Praktikern im Vergleich mit dem deutschen und europäischen Energierecht dargestellt worden ist. Die russischen Referate und die daran anschließende intensive Diskussion zeigten allerdings auch, dass der Detaillierungsgrad des russischen Energierechts und die dazu bislang ergangene Verwaltungspraxis im Vergleich zum deutschen Recht noch weiterer dogmatischer Konkretisierung bedürfen. Die Konferenz aus März/April 2006 wird deshalb im Jahr 2007 in Moskau fortgeführt werden, weil das Treffen von beiden Seiten als positive rechtliche Unterstützung des deutsch-russischen Energiedialogs und einer russisch-europäischen Energieunion empfunden wurde. Das Verständnis der unterschiedlichen rechtlichen Strukturen, verbunden mit der Prüfung, ob und in welchem Umfang eine Angleichung möglich und sinnvoll ist, ist eine vielfach unterstützte wichtige Grundbedingung für eine wechselseitige wettbewerbliche Öffnung der Märkte. Dazu soll dieser Band einen kleinen Beitrag leisten.

Frau Natalia Spitsa danke ich herzlich für die Übersetzung der russischen Beiträge ins Deutsche. Sie und Frau Julia Lezhen haben zugleich dafür gesorgt, dass Verständigungsschwierigkeiten bei der Diskussion der Referate so gering wie möglich blieben. Auch dafür vielen Dank. Der DAAD hat die Tagung durch finanzielle Unterstützung erst möglich gemacht. Auch ihm sei dafür an dieser Stelle gedankt. Last but not least gilt der Dank dem Verlag, der das Wagnis einer neuen Schriftenreihe auf sich genommen und diesen Band als Band 1 aufgenommen hat.

Berlin, im Dezember 2006

F. J. Säcker

Inhalt

A. Energierecht

B. Bergrecht, Energieumweltrecht

Abkürzungsverzeichnis

a.A.	anderer Ansicht
aaO.	am angegebenen Ort
Abb.	Abbildung
ABl.	Amtsblatt der Europäischen Gemeinschaften
Abs.	Absatz
Abschn.	Abschnitt
AG	Die Aktiengesellschaft
AktG	Aktiengesetz vom 6.9. 1965 (BGBl. I S. 1089), zuletzt geändert durch Gesetz vom 08.07.2006 (BGBl. I S. 1426)
allg.	allgemein
Anh.	Anhang
AöR	Archiv des Öffentlichen Rechts
Art.	Artikel
AStA	Allgemeines Statistisches Archiv
Aufl.	Auflage
Az.	Aktenzeichen
BBergG	Bundesberggesetz
Bd., Bde.	Band, Bände
BDI	Bundesverband der Deutschen Industrie e.V.
Bek.	Bekanntmachung
Beschl.	Beschluss
BGB	Bürgerliches Gesetzbuch, zuletzt geändert durch Gesetz vom 07.07.2005 (BGBl. I S. 1970)
BGBl.	Bundesgesetzblatt
BGH	Bundesgerichtshof
BGHZ	Entscheidungen des Bundesgerichtshofs in Zivilsachen
BKartA	Bundeskartellamt
BMWi/BMWA	Bundesministerium für Wirtschaft/ ~ und Arbeit
BNetzA	Bundesnetzagentur
bspw.	Beispielsweise
BT-Drucks.	Drucksache des Deutschen Bundestages
BTO Elt	Bundestariffordnung Elektrizität
BVerfG	Bundesverfassungsgericht
BVerwG	Bundesverwaltungsgericht
bzgl.	bezüglich
bzw.	Beziehungsweise
DB	Der Betrieb
ders.	derselbe
d.h.	das heißt
dies.	dieselben
DVBl.	Deutsches Verwaltungsblatt
ebda	ebenda

EEG	Erneuerbare Energien Gesetz vom 29. 3. 2000 (BGBl. I S. 305), zuletzt geändert durch Art. 3 Abs. 35 G. vom 7. 7.2005 (BGBl. I S. 1970)
EG	Europäische Gemeinschaft; Vertrag zur Gründung der Europäischen Gemeinschaften i. d. F. des Vertrages über die Europäische Union vom 7.2.1992, BGBl. II 1253/ 1256, geändert durch Beitrittsvertrag vom 24.6.1994, BGBl. II, 2022 i. d. F. des Beschlusses vom 1.1.1995, ABl. L 1/1, ber. ABl. 1997 L 179/12, geändert durch den Amsterdamer Vertrag vom 2.10.1997, BGBl. II, 387, ber. BGBl. II, 416 und durch den Vertrag von Nizza vom 26.2.2001, BGBl. II, 2001
Einl.	Einleitung
EK	Eigenkapital
endg.	endgültig
EnWG	Gesetz über die Elektrizitäts- und Gasversorgung (Energiewirtschaftsgesetz) i. d. F. vom 07.07.2005, BGBl I, 2005, 1970
et	Energiewirtschaftliche Tagesfragen
etc.	et cetera
EU	Europäische Union
EuGH	Gerichtshof der Europäischen Gemeinschaften
EVU	Energieversorgungsunternehmen
EWG	Europäische Wirtschaftsgemeinschaft (bis 1993)
FAD	Föderaler Antimonopoldienst
FCC	Federal Communications Commission
ff.	folgende
FK	Fremdkapital
FKVO	Verordnung (EG) Nr. 139/2004 des Rates vom 20. Januar 2004 über die Kontrolle von Unternehmenszusammenschlüssen (EU-Fusionskontrollverordnung) (ABl. Nr. L 24/1 vom 29.1.2004)
Fn.	Fußnote
FS	Festschrift
GasNEV	Verordnung über die Entgelte für den Zugang zu Gasversorgungsnetzen, Gasentgeltverordnung vom 25.07.2005 (BGBl. I S. 2197)
GD	Generaldirektion; General Direction
GewSt	Gewerbesteuer
ggf.	gegebenenfalls
GK	Gesamtkapital
GmbH	Gesellschaft mit beschränkter Haftung
grds.	grundsätzlich
GWB	Gesetz gegen Wettbewerbsbeschränkungen in der Fassung vom 01. 09. 2005, BGBl. I, S. 2676
HELCOM	Helsinki-Kommission
HGB	Handelsgesetzbuch i. d. ber. F. vom 14.08.2006 (BGBL I S. 1911)
Hrsg.	Herausgeber
Hs.	Halbsatz

i.d.F.	in der Fassung
IR	Infrastruktur Recht Energie, Verkehr, Abfall, Wasser
i.S.	im Sinne
i.S.d.	im Sinne des
i.S.v.	im Sinne von
i.V.m.	in Verbindung mit
JZ	Juristenzeitung
KG	Kammergericht (Berlin)
KSt	Körperschaftssteuer
m.E.	meines Erachtens
Mio.	Million
MMR	Multimedia und Recht
MünchKommWettbR	Münchener Kommentar zum Europäischen und Deutschen Kartellrecht, Bd. 1: Europäisches Wettbewerbsrecht
m.w.N.	mit weiteren Nachweisen
NJW	Neue Juristische Wochenschrift
Nr.	Nummer
N&R	Netzwirtschaften und Recht
o.ä.	oder ähnlich
o.g.	oben genannt
OECD	Organisation for Economic Cooperation and Development / Organisation für wirtschaftliche Zusammenarbeit und Entwicklung
OLG	Oberlandesgericht
OSPAR	Oslo-Paris-Kommission
RdE	Recht der Energiewirtschaft, Recht der Elektrizitätswirtschaft
RdNr.	Randnummer(n)
Rn	Randnummer(n)
RegTP	Regulierungsbehörde für Telekommunikation und Post
RL	Richtlinie
S.	Seite
SeerechtsÜbk.	Seerechtsübereinkommen
Slg.	Amtliche Sammlung der Entscheidungen des Europäischen Gerichtshofes
sog.	sogenannt
StromNEV	Verordnung über die Entgelte für den Zugang zu Elektrizitätsversorgungsnetzen, Stromnetzentgeltverordnung vom 25.07.2005 (BGBl. I S. 2225)
SZRf	Sobraniie Zakonodatelstra Rossiiskoi Federatii – Offizielle Dokumente der russischen Föderation
TKG	Telekommunikationsgesetz i. d. F. vom 7.7.2005, BGBl. I, 2004, 1190
TKMR	Telekommunikations- und Medienrecht
u.a.	unter anderem

VDN	Verband der Netzbetreiber e. V. beim VDEW
VersorgungsW	Versorgungswirtschaft Monatszeitschrift für Betriebswirtschaft, Wirtschaftsrecht und Steuerrecht der Elektrizitäts-, Gas- und Wasserwerke
VG	Verwaltungsgericht
vgl.	vergleiche
VIK	Verband der Industriellen Energie- und Kraftwirtschaft e.V.
VKU	Verband kommunaler Unternehmen e.V.
VO	Verordnung
Vol.	Volume
WACC	Weighted Cost of Capital
WM	Wertpapiermitteilungen, Zeitschrift für Wirtschaft und Bankrecht
WuW	Wirtschaft und Wettbewerb
WuW/E	Wirtschaft und Wettbewerb – Entscheidungssammlung
WzB-Jahrbuch	Jahrbuch des Wissenschaftlichen Zentrums Berlin
z. B.	zum Beispiel
ZfbF	Zeitschrift für betriebswirtschaftliche Forschung
ZGB	Russisches Zivilgesetzbuch
Ziff.	Ziffer
ZNER	Zeitschrift für neues Energierecht
z.T.	zum Teil
z. Z.	zur Zeit
zzgl.	zuzüglich

A. Energierecht

Energie und Energiewirtschaft:
Möglichkeiten und Grenzen der rechtlichen Regulierung

Pjotr G. Lachno

In der Russischen Föderation werden derzeit neue Rechtsgrundlagen für die Energiewirtschaft geschaffen. Aus der Analyse der Rechtsvorschriften kann gefolgert werden, dass sich in der Rechtsordnung der Russischen Föderation ein relativ eigenständiges und spezielles Rechtsgebiet Energierecht herausgebildet hat und sich dynamisch entwickelt.

I. Die besonderen Wesenszüge des Energierechts

Der Brennstoff- und Energiesektor ist einer der stabilsten Industriezweige in der Russischen Föderation und stellt als Gegenstand der rechtlichen Regulierung ein System aus einzelnen Segmenten, Betrieben und Einrichtungen der Energiewirtschaft dar, die aufgrund des Zusammenhangs zwischen dem Aufsuchen von Lagerstätten und Schürfung, der Gewinnung (Förderung), Verarbeitung, Speicherung, dem Transport, der Verteilung und dem Verbrauch der Energieressourcen sowie Errichtung und Betrieb der Energieeinrichtungen zur Deckung des Bedarfs der Bevölkerung und der Wirtschaft an Energie und zum Schutz der Umwelt miteinander verbunden sind.

Dieser Begriff ist meines Erachtens lediglich ein Sammelbegriff, der nicht im gleichen Maße formalisiert ist wie traditionelle juristische Begriffe, z.B. der Begriff der juristischen Person. Daher handelt es sich dabei nach dem aktuellen Stand nicht um einen Rechtsbegriff, sondern vielmehr um einen Wirtschaftsbegriff.

Obwohl keine juristische Definition existiert, ist der Brennstoff- und Energiesektor eine Wirtschaftsstruktur, die unternehmerische Tätigkeit in diesem Bereich wesentlich beeinflusst. Dazu gehören vor allem Betriebe und Einrichtungen der Elektrizitätswirtschaft, des Kohlenbergbaus, der Erdöl- und Gaswirtschaft, einschließlich der Gewinnung, Verarbeitung und des Transports usw.

Da der Brennstoff- und Energiesektor ein relativ eigenständiger Industriezweig der nationalen Wirtschaft ist, müssen bei der Ausarbeitung der Rechtsvorschriften in diesem Bereich die objektiv existierenden Besonderheiten und Gesetzmäßigkeiten dessen Entwicklung berücksichtigt werden. Daher enthält die geltende Gesetzgebung Spezialvorschriften, zB das Föderalgesetz der Russischen Föderation Nr. 122-FZ „Über die Besonderheiten der Zahlungsunfähigkeit (des Bankrotts) von natürlichen Monopolen des Brennstoff- und Energiesektors" vom 24. Juni 1999.

Der Regelungsgegenstand des Energierechts sind die Rechtsverhältnisse im Energiesektor, die Besonderheiten aufweisen. Daher ist für die ordnungsgemäße und effiziente Regulierung erforderlich, dass naturwissenschaftlich begründete technische und technologische Bedingungen Berücksichtigung finden. Ohne dass diese Bedingungen erforscht und berücksichtigt werden, kann die Regulierung nicht vollständig und die Anwendung nicht effektiv sein und in vielen Fällen sogar zusätzliche Probleme verursachen.

In dieser Hinsicht ist die rechtliche Regulierung der Energiewirtschaft vergleichbar mit der Regulierung im Bereich der Telekommunikation und E-Commerce, da auch dort technische und technologische Bedingungen eine zentrale Rolle spielen. In Ausführung des Föderalgesetzes Nr. 184-FZ „Über die technische Regulierung", das am 27. Dezember 2002 verabschiedet wurde, werden zwingende technische Anforderungen (technische Standards) an Produkte und Dienstleistungen, u. a. im Energiesektor ausgearbeitet.

II. Die Berücksichtigung der Besonderheiten

Abgesehen von allgemeinen Methoden der Rechtswissenschaft werden im Energierecht spezielle Methoden und Instrumente zur Berücksichtigung der technischen Besonderheiten angewandt. Dies gilt für alle Industriestaaten, auch für die Russischen Föderation.

Die Regulierung betreffend primäre nicht erneuerbare Energieressourcen, vor allem Erdöl und Gas, wird zunehmend vereinheitlicht, da die chemische Zusammensetzung ähnlich ist, vom einfachen Methangas CH_4 bis zum komplexeren Octan C_8H_{18}, der Komponente von Rohöl. Gewisse Besonderheiten weist Kohle auf, obwohl sie durch eine bestimmte Verarbeitung (Hydrogenisierung) in einen flüssigen Brennstoff verwandelt werden kann, der eine ähnliche chemische Zusammensetzung hat. Eine besondere Stellung nimmt die Elektrizität als sekundäre Energie ein, die weit verbreitet ist und universell genutzt wird. Die Entwicklung von neuen Technologien durch die Wissenschaft und die Bedarfslage rücken alternative, erneuerbare Energiequellen – Sonne, Wind, Wasser, Geothermalquellen, Gezeiten usw. – immer mehr in den Vordergrund. In westlichen Industriestaaten gilt eine Reihe von Rechtsvorschriften zu erneuerbaren Energien.

In der Russischen Föderation werden die Gemeinsamkeiten und Unterschiede zwischen den Segmenten des Brennstoff- und Energiesektors wie Erdöl-, Gas-, Atomwirtschaft, Kohlebergbau und anderen in der rechtlichen Regulierung berücksichtigt. Dies fand u. a. in folgenden Gesetzen Niederschlag: Föderalgesetz der Russischen Föderation Nr. 69-FZ „Über die Gasversorgung in der Russischen Föderation" vom 31. März 1999, Föderalgesetz der Russischen Föderation Nr. 81-FZ „Über die staatliche Regulierung der Gewinnung und Verwendung von Kohle und über die Besonderheiten des Sozialschutzes für die Beschäftigten der Unternehmen im Kohlebergbau" vom 20. Juni 1996.

III. Der bestehende Bedarf

Aus der Analyse der Rechtsvorschriften zum Brennstoff- und Energiesektor geht hervor, dass das Energierecht in der Russischen Föderation im Entstehen begriffen ist.

Das Energierecht ist eines der Teilgebiete der Gesetzgebung der Russischen Föderation und eine Gesamtheit der Rechtsvorschriften auf verschiedenen Ebenen der Normenhierarchie, die unternehmerische und andere Tätigkeiten im Brennstoff- und Energiesektor regeln. Das Energierecht bestimmt die Besonderheiten der Rechtsverhältnisse im Brennstoff- und Energiesektor, insbesondere im Zusammenhang mit unternehmerischer Tätigkeit unter marktwirtschaftlichen Bedingungen.

Daraus ergibt sich meines Erachtens die Notwendigkeit eines einheitlichen Systems der Regulierung, wobei Unterteilung in Spezialgebiete der Unterteilung in Segmente (Elektrizitätswirtschaft, Gaswirtschaft, einschließlich der Gasversorgung, Erdölwirtschaft, einschließlich der Verarbeitung der Erdölprodukte, Kohlebergbau, Atomenergiewirtschaft, Energiegewinnung aus Wasserkraft) entsprechen soll. Zur Energiewirtschaft gehören auch erneuerbare Energien, deren Nutzung ebenfalls einer Regelung bedarf. Es handelt sich dabei um solare Strahlungsenergie, Wasserkraft, Geothermie, Thermalenergie des Ozeans und Energie der Gezeiten, Biomasse, synthetische Brennstoffe sowie Kleinkraftwerke. Alle diese Segmente sind durch das Energierecht zu regeln.

Die Einheit des Energierechts beruht nicht auf einheitlichen Regulierungsmethoden wie in traditionellen und grundlegenden Rechtsgebieten, sondern auf einem gemeinsamen Regelungsgegenstand – Rechtsverhältnisse im Zusammenhang mit dem Brennstoff- und Energiesektor. Daher soll das russische Energierecht als ein gemischtes Rechtsgebiet angesehen werden, das Elemente aus anderen Rechtsgebieten enthält.

Der Zweck des Energierechts ist die Regelung der Rechtsverhältnisse in der Energiewirtschaft zur Deckung des Bedarfs der Bevölkerung und Wirtschaft an Energieressourcen, zur Förderung deren sparsamen Nutzung sowie zur Schaffung der Bedingungen für die Ausübung der unternehmerischen Tätigkeit durch staatliche und private juristische Personen und zum Schutz der Umwelt.

Das Energierecht soll rechtliche Grundlagen für das Aufsuchen von Lagerstätten und die Schürfung, die Gewinnung (Förderung), Verarbeitung, Speicherung, den Transport, die Verteilung und den Verbrauch der Energieressourcen schaffen.

Aus der Sicht vieler Experten soll das Energiegesetzbuch der Russischen Föderation der grundlegende Gesetzgebungsakt des Energierechts werden. Bereits auf der wissenschaftlichen Konferenz „Energiewirtschaft und Recht", die vom Ministerium der Russischen Föderation für Brennstoffe und Energie und dem US-amerikanischen Energieministerium unter Beteiligung der Internationalen Energiebehörde vom 14. bis 18. November 1994 in Moskau durchgeführt wurde, wurde die Notwendigkeit der Ausarbeitung eines wissenschaftlichen Konzepts für das Energiegesetzbuch mit öffentlich-rechtlichen und privatrechtlichen Elementen hervorgehoben. Die Entwicklung des Energierechts erfordert das Zusammenwirken der Wirtschaft und Politik.

Wettbewerbskonforme Methoden der Regulierung von Netznutzungsentgelten

Franz Jürgen Säcker

I. Leitideen und Rechtsquellen des Energiewirtschaftsrechts

Das deutsche Energiewirtschaftsrecht ruht auf vier Eckpfeilern:
1.) dem Energiewirtschaftsgesetz mit dem Energiesicherungsgesetz
2.) dem Energieumweltschutzrecht
3.) dem Energiekartellrecht
4.) dem Energieverbraucherschutzrecht

Diese vier Eckpfeiler des geltenden Energierechts spiegeln zugleich die normativen Leitideen wider, denen das Energierecht verpflichtet ist und die sich in § 1 EnWG niedergeschlagen haben:

1. Im Energierecht geht es um die Sicherheit und Zuverlässigkeit der Energieversorgung. Gemeint ist damit nicht nur die technische Zuverlässigkeit der Energieanlagen und Energienetze, sondern auch die langfristige Sicherheit der Energieversorgung. Ohne eine Sicherung der Energieversorgung ist eine moderne Industrie- und Dienstleistungsgesellschaft gar nicht mehr denkbar. Den Staat trifft daher eine Verpflichtung, entweder selber für eine gesicherte Energievorsorgung zu sorgen (Erfüllungsverantwortung) oder eine Gewährleistungsverantwortung für die sichere Energieversorgung durch private Unternehmen zu übernehmen.

2. Die Energieversorgung muss umweltgerecht erfolgen. Sie muss so erfolgen, dass die Umwelt durch die Energieversorgung keine Schäden nimmt und keine Gesundheitsrisiken für die Bevölkerung entstehen. Das Energieumweltrecht bemüht sich daher, die CO_2-Belastung beim Einsatz fossiler Brennstoffe zur Stromerzeugung zu verringern und durch den Einsatz regenerativer Energien knappe fossile Brennstoffvorräte zu schonen. Das Umweltschutzrecht ist in seiner heutigen Ausgestaltung öffentliches Recht. Ihm kommt eine immer größere Bedeutung zu.

3. Das Energiekartellrecht hat vor allem die Funktion die Energieversorgung so zu gestalten, dass eine uneingeschränkte Versorgung des Einzelnen stattfindet und gewährt deshalb auch ein subjektives Recht auf Netznutzung und Energieversorgung zu allgemein gesicherten Bedingungen. In Knappheitssituationen geht es um eine gerechte Verteilung der Energie.

4. Das Energieverbraucherschutzrecht sichert ergänzend zum Energiekartellrecht eine angemessene Vertragsgestaltung im Bereich von Elektrizitäts- und

6

Gasversorgungsverträgen im Interesse des Verbrauchers, die den Standards der modernen Verbraucherschutzgesetzgebung Rechnung tragen soll. Während Energieumweltschutzrecht und Energiewirtschaftsrecht öffentliches Recht sind, sind Energiekartellrecht und Energieverbraucherschutzrecht privates Recht, die eine preisgünstige und verbraucherfreundliche Versorgung sichern sollen. Das Energierecht besteht somit aus einer Gemengelage von öffentlichem und privatem Recht.

Das neue Energiewirtschaftsrecht, das am 1.7.2005 in Kraft getreten ist,[1] basiert im Kern auf den sog. EG-Beschleunigungsrichtlinien[2], die bis zum 1.7.2004 umzusetzen waren.[3] Zum gleichen Zeitpunkt ist die Siebte Novelle zum Gesetz gegen Wettbewerbsbeschränkungen (GWB) in Kraft treten, die das nationale Wettbewerbsrecht an die veränderte Auslegung des Art. 81 Abs. 3 EG (Ersetzung des Prinzips der behördlichen Einzelfreistellung durch das Prinzip der Legalausnahme) anpasst und dem erweiterten Anwendungsvorrang des EG-Rechts (Art. 3 der EG-VO 1/2003[4]) Rechnung trägt. Nach dem EnWG obliegt die Kontrolle der Netznutzungsentgelte im Energiesektor[5] der Bundesnetzagentur für Elektrizität, Gas, Telekommunikation, Post und Eisenbahnen (BNetzA) sowie den Landesregulierungsbehörden. Die Kontrolle der übrigen Bestandteile der Energiepreise (Erzeugungs- und Vertriebspreiskomponenten) ist dagegen bei den Kartellbehörden belassen worden. Im Telekommunikationssektor wird dagegen der Gesamtpreis für Telekommunikationsdienstleistungen von der BNetzA geprüft.

---

[1] BGBl. vom 25.06.2004 I Nr. 29, S. 1190. Der Änderungsbedarf ergab sich aus den Vorgaben der neuen EG-Richtlinien zum Recht der elektronischen Kommunikation, die eine Umsetzung bis zum 25.07.2003 bzw. 31.10.2003 geboten; vgl. dazu im Einzelnen: RL 2002/21/EG (Rahmenrichtlinie), ABl. EG vom 24.04.2002 Nr. L 108/33; RL 2002/19/EG (Zugangsrichtlinie), ABl. EG vom 24.04.2002 Nr. L 108/7; RL 2002/22/EG (Universaldienstrichtlinie), ABl. EG vom 24.04.2002 Nr. L 108/51; RL 2002/20/EG (Genehmigungsrichtlinie), ABl. EG vom 24.4.2002 Nr. L 108/21; RL 2002/58/EG (Datenschutzrichtlinie für elektronische Kommunikation), ABl. EG vom 31.7.2002 Nr. L 201/37.

[2] Vgl. dazu ElektrizitätsbinnenmarktRL 2003/54/EG, ABl. EG vom 15.07.2003 Nr. L 176/37; ErdgasbinnenmarktRL 2003/55/EG, ABl. EG vom 15.07.2003 Nr. L 176/57. EG-Richtlinien sind nach Art. 249 Abs. 3 EG für den Mitgliedstaat nur hinsichtlich des zu erreichenden Ziels, nicht jedoch in Bezug auf die Wahl der Form und dogmatischen Struktur der Umsetzungsmittel verbindlich; vgl. EuGH, Slg. 1989, S. 1830, 1870f.; EuGH, Slg. I 1994, S. 483, 501f.; OVG Münster, TMR-2004, S. 156, 159f.; *Jarass*, Grundfragen der innerstaatlichen Bedeutung des EG-Rechts, 1994, S. 75ff.; *Nettesheim*, in: *Grabitz/Hilf*, Das Recht der Europäischen Union, (Kommentar) 2004, Art. 249 RdNr. 163.

[3] Die verspätete Umsetzung hatten ihren Grund in politisch umstrittenen Regelungsproblemen; vgl. dazu den Regierungsentwurf zum EnWG (BR-Drucksache 613/04 vom 13.08.2004) einerseits, und die Stellungnahme des Bundesrates (BR-Drucksache 613/04 vom 24.09.2004) andererseits; näher dazu *Säcker*, ZNER 2004, S. 98ff.

[4] Vgl. ABl. EG vom 04.01.2003 Nr. L 1/1.

[5] Diese machen etwa 30% - 40 % des Gesamtpreises für Elektrizität und Gas aus.

II. Die Netzinfrastrukturregulierung durch das EnWG

Nach ihrer Zielsetzung wollen sowohl das Wettbewerbs- als auch Energierecht den Wettbewerb schützen bzw. fördern, um so die Funktionsbedingungen für eine substantielle Vertragsfreiheit zu sichern bzw. herzustellen (vgl. die Zielvorgaben in § 1 EnWG). Aus diesem Grunde gewähren beide Gesetze dem Verbraucher bzw. Wettbewerber einen unmittelbaren Unterlassungs- und Schadensersatzanspruch gegen den missbräuchlich handelnden Netzbetreiber im Falle der „Ausbeutung, Behinderung oder Diskriminierung" (§ 19 Abs. 1 und 4 i.V. mit § 33 GWB; § 30 i.V.m. § 32 EnWG). Eine Vereinbarung, die missbräuchlich überhöhte Entgelte enthält, ist genauso unwirksam wie ein sonstiger Austauschvertrag, der sittenwidrig überhöhte Entgelte enthält (§ 138 BGB)[6]. Die §§ 32 EnWG und 33 GWB stellen privatrechtliche Ergänzungen des BGB-Deliktrechts dar.

Die energiewirtschaftliche Neuregelung will eine zügige Errichtung wettbewerbsorientierter und sicherer Märkte für Energiedienstleistungen (vgl. Art. 3 und 23 ElektrizitätsRL, Art. 3 und 25 GasRL) erreichen, weil sich nur so ein wirksamer Verbraucherschutz verwirklichen lässt. Die Regulierungsbehörden haben die Aufgabe, für Nichtdiskriminierung, echten Wettbewerb und effiziente Märkte zu sorgen. Demgemäß haben die Netzbetreiber in ihren Gebieten ein sicheres, zuverlässiges und effizientes Netz zu unterhalten, das bedarfsgerecht die „Durchleitung" von Strom von den Kraftwerken zu den Stromverbrauchern ermöglicht (vgl. Art. 9 lit. c und 14 Abs. 1 ElektrizitätsRL). „Echter Wettbewerb" in effizienten und sicheren Netzen setzt voraus, dass Netzbetreiber keine Monopolrenditen aus dem Netzgeschäft ziehen bzw. transferieren können, um im Wege der Quersubventionierung daraus Vorteile als Energieanbieter zu ziehen, z.B. um eine predatory pricing-Strategie gegenüber Newcomern ohne Netz zu finanzieren. Die gesetzliche Öffnung der Netze war notwendig, weil eine Versorgung der Verbraucher nur über das „natürliche" Monopol der örtlichen Leitungsnetze möglich ist und deshalb der Zugang zu diesen Netzen jedem Stromerzeuger und jedem Kunden eröffnet werden muss.
Der Staat muss deshalb durch eine entsprechende Rahmengesetzgebung sicherstellen, dass die Versorgungsnetze zu diskriminierungsfreien, wettbewerbsanalogen und transparenten Bedingungen jedem Nutzungspetenten zur Verfügung stehen (vgl. §§ 17, 20 EnWG).[7]

---

[6] Vgl. dazu die ständige Rechtsprechung des BGH, NJW 1992, S. 899; 1995, S. 2635; 2001, S. 1127; 2002, S. 429, 3165; zur Frage der Restgültigkeit des Vertrages vgl. näher *Säcker/Jaecks*, in: Berliner Kommentar zum Energierecht, § 1 GWB RdNr. 189ff.
[7] Vgl. dazu *Trute*, Gemeinwohlsicherung im Gewährleistungsstaat, in: Schuppert/Neidhardt, Gemeinwohl: Auf der Suche nach Substanz, WZB-Jahrbuch 2002, S. 330f.; *Burgi*, DVBl. 2006, S. 269, 271ff.

Die staatliche Aufgabe der Netzinfrastrukturregulierung stellt eine Dauer-
aufgabe des Staates dar, der zur Gewährleistung einer leistungsfähigen Infrastruktur verpflichtet ist. Das Energieregulierungsrecht wird so zum staatlichen
Kontrollinstrument bei lebenswichtigen, nicht ausreichend duplizierbaren Gü-
tern. Das Energiewirtschaftsrecht ist also nicht ein absterbendes Sonderkartell-
recht auf dem Weg zur kompetitiven Gestaltung der Nutzung infrastruktureller
Netze, sondern ein eigenständiger, vollgültiger Teil des modernen Wirtschafts-
rechts.
Deshalb ist es, solange natürliche Monopole im Bereich der Netzwirtschaften
bestehen, sinnvoll, eigenständige Regulierungsbehörden zu schaffen. Die Vorschriften der §§ 12ff. über Pflege und Ausbau der Netze, über Systemverantwor-
tung und Interoperabilität, über rechtliches, operationelles und buchhalterisches
Unbundling (§§ 6ff.) sind ebenso wie die Normen über Netzanschlusspflichten
(§§ 17ff.), über die Gestaltung der Netzzugangsentgelte (§§ 20ff., 26ff.) und
über die Einspeise- und Vergütungsverpflichtungen, die sich aus dem Energieumweltschutzrecht ergeben, Ausdruck dieser Überlagerung unternehmerischen
Verhaltens durch gemeinwohlorientierte Verhaltensanforderungen. In diesen
Normen drückt sich die umfassende, durch Art. 16 und 86 Abs. 2 EG[8] anerkann-
te Gewährleistungs- und Auffangverantwortung des Staates für die Erbringung
der daseinsnotwendigen Netzinfrastrukturleistungen aus. Der Richtlinienvor-
schlag der EG-Kommission über Maßnahmen zur Gewährleistung der Sicherheit
der Elektrizitätsversorgung und von Infrastrukturinvestitionen vom 10.12.2003[9]
formt auf EG-Ebene diese gewährleistungsstaatliche Aufgabe der Mitgliedstaaten für eine nachhaltige, effiziente Versorgung aller Bürger u.a. durch Verpflichtungen zum flächendeckenden Ausbau von Netzen für angemessene und ausrei-
chende universelle Dienstleistungen der Daseinsvorsorge näher aus.

III. Regulierungsprinzipien

1. Grundsätze

Nur effizient agierende Unternehmen haben in einer funktionierenden Marktwirtschaft die Chance und, wirtschaftsethisch formuliert, das moralische Recht,
dauerhaft auskömmliche Gewinne zu erzielen. Es macht wettbewerbspolitisch
daher keinen Sinn, die staatliche Regulierung natürlicher Monopole so zu skelet-
tieren, dass sie nur noch ein Schattendasein als Legitimation für Monopolpreise
führt und immer weniger Unternehmen die Energie- oder Telekommunikations-
preise in Deutschland bezahlen könnten. Wettbewerbsorientierter Maßstab für
die Angemessenheit der Netzzugangsentgelte sind die Kosten eines effizienten
und strukturell vergleichbaren Netzbetreibers (§ 21 Abs. 2; § 4 Stromnetzent-

---

[8]   Vgl. dazu *Dohms*, in: Wiedemann, Handbuch des Kartellrechts, 1999, S. 1156ff.; *Rumpff*,
Das Ende der öffentlichen Dienstleistungen in der Europäischen Union?, 2000, S. 40ff.;
Möschel, JZ 2003, S. 1021ff.
[9]   203/0301/COD; vgl. dazu *Ehricke*, ZNER 2004, S. 211ff.

geltVO; Art. 4 EG-StromhandelsVO). Inhaltlich entspricht dieser Kontrollmaß-
stab dem sog. KEL-Konzept im Telekommunikationsrecht, d.h. dem in § 31
TKG verankerten Prinzip der effizienten Leistungsbereitstellung,[10] das als Maßstab der Ex-Ante-Regulierung der Entgelte im TK-Recht fungiert. Dieser Ansicht ist auch die Bundesregierung in ihrer Gegenstellungnahme gegenüber dem
Bundesrat[11]. Sie stellt fest, dass für eine wirksame Regulierung die Maßstäbe
wesentlich sind, nach denen die Rechtmäßigkeit von Netznutzungsentgelten be-
urteilt wird und dass es demgegenüber nachrangige Bedeutung hat, ob die Einhaltung der rechtlichen Vorgaben ex-ante oder ex-post kontrolliert wird, „wenn
sichergestellt ist, dass die Regulierungsbehörde als Institution für eine wirksame
Aufsicht hinreichend ausgestattet ist und sie im Beschwerdeverfahren zügig
Entscheidungen treffen kann, die sofort vollziehbar sind." Die Maßstäbe für eine
Ex-Ante-Kontrolle (§ 23a) bzw. für eine Ex-Post-Kontrolle der Entgelte (§ 30)
können aus Gründen ökonomischer Logik nicht unterschiedlich sein; denn es
geht bei einer wettbewerbsorientierten Kontrolle immer um die Konkretisierung
und Operationalisierung des Maßstabs des wettbewerbsanalogen Preises.
Auch in einer durch Wettbewerb dezentral gesteuerten marktwirtschaftlichen
Ordnung ist Regulierung notwendig, wenn ein bestimmter Wirtschaftssektor
sich aufgrund seiner faktischen Ordnungsstruktur dem Wettbewerb als dem effi-
zientesten Instrument zur Bedarfsdeckung und zur Realisierung technischen
Fortschritts entzieht.[12]
Der Staat, der natürliche Monopole, die keinem kompetitiven Erosionsprozess
ausgesetzt sind, in privater Hand zulässt, hat die Pflicht, durch Regulierung dieser Monopole Wettbewerb nachhaltig zu fördern. Die EG-Richtlinien und die sie
umsetzenden innerstaatlichen Gesetze stellen den Regulierungsbehörden daher
die Aufgabe, einen chancengleichen, wirksamen Wettbewerb im Bereich der
Netzwirtschaften mit konsistenten Maßnahmen sicherzustellen. Regulierungsbehörden sind Behörden zur Wettbewerbsförderung; diese Aufgabe legitimiert sie,
zur Verbesserung der Wettbewerbsstruktur temporär Entgelte für Marktteilnehmer festzulegen, die nicht notwendig reziprok (symmetrisch) sein müssen, wenn
erwartet werden kann, dass dadurch in absehbarer Zeit nicht nur theoretisch,
sondern auch praktisch spürbar ein diskriminierungsfreier echter Wettbewerb
auf den betreffenden Märkten entsteht.[13]
Das Regulierungsrecht geht in dieser Aufgabenstellung über eine wettbewerbsorientierte Missbrauchsaufsicht i.S. von Art. 82 EG, §§ 19, 20 GWB hinaus,
deren Funktion sich auf die Unterbindung wettbewerbsbeschränkender Maßnahmen und die Beseitigung antikompetitiver Barrieren marktbeherrschender

---

[10]   Vgl. dazu *Säcker*, in: Berliner Kommentar zum TKG, 2006, Einl. RdNr. 26ff.
[11]   Gegenäußerung der Bundesregierung zu der Stellungnahme des Bundesrates (BR-Drs.
613/04 vom 29.9.2004) zu dem Regierungsentwurf eines zweiten Gesetzes zur Neuregelung
des Energiewirtschaftsrechts vom 27.10.2004.
[12]   Vgl. dazu näher *Säcker*, Einleitung MünchKommWettR, 2006, RdNr. 98.
[13]   Vgl. dazu näher REGTP, N&R 2004, S. 76ff. mit Anm. *Geppert/Ruhle*; VG Köln, N&R
2004, S. 75f.

Unternehmen beschränkt. Schutzobjekt des allgemeinen Wettbewerbsrechts ist der in der Wirklichkeit bestehende reale Wettbewerb, weder Strukturkonservierung noch aktive Wettbewerbsförderung einzelner Marktteilnehmer.[14] Das Wettbewerbsrecht kennt keine altruistische Marktstrukturverantwortung marktbeherrschender Unternehmen und eine daran anknüpfende Rechtspflicht der Kartellbehörden zur Förderung von Wettbewerb.[15] Die zugleich als aufsichtsrechtliche Engriffsnormen fungierenden Richtnormen bedürfen daher – anders als bloß missbrauchsabwehrende Grenznormen – eines ausreichenden Grades an rechtsstaatlicher Bestimmtheit, wozu die Beachtung des verfassungsrechtlichen Gebotes gehört, die wesentlichen Grundlagen im Gesetz selbst festzulegen (Wesentlichkeitstheorie). Aus diesem Grunde müssen die Bemessungsgrundlagen für die Höhe des Netznutzungsentgelts im Gesetz selber normiert werden. Die §§ 21ff. EnWG entsprechen diesen normativen Anforderungen.

2. Konkretisierung der Regulierungsmaßstäbe
Von vorstehender Grundposition aus ist es nicht überzeugend, unterschiedliche Grundbegriffe für die Kontrolle der Netzzugangsentgelte im Telekommunikationsrecht und im Energierecht zu verwenden und unterschiedliche Rechtswege zu schaffen. Geeignet für eine wettbewerbsorientierte Regulierung der Netzwirtschaften ist das Konzept der Kosten effizienter Leistungserbringung. Dieses dient der Konkretisierung des allgemeinen Prinzips der Missbrauchsaufsicht, wie es Art. 82 EG und § 19 GWB zugrundeliegt. Eine reine Kostenorientierung der Entgeltkontrolle ohne Wettbewerbsbezug und ohne Benchmark-Ansatz ist mit diesem Prinzip unvereinbar.[16] Eine Orientierung am jeweiligen status quo würde weder wirksamen Wettbewerb noch ein „effizientes Funktionieren der Märkte" i.S. der EG-Vorgaben (Art. 17 URL, Art. 23 StromRL, Art. 25 GasRL) gewährleisten. Mit dem Ziel der EG-Richtlinien, wirksamen Wettbewerb zu ermöglichen, wäre es unvereinbar, den Wettbewerbsbezug der Missbrauchskontrolle zu beseitigen und an branchenübliche Kostenstandards anzuknüpfen, und zwar unabhängig davon, ob diese wettbewerbsorientiert sind oder nicht. Dem entsprechen in der Zielsetzung und in der Methodik auch die Normen des EnWG: Zielsetzung ist die Verhinderung der missbräuchlichen Ausbeutung, Behinderung oder Diskriminierung von Kunden und Wettbewerbern durch preispolitische Maßnahmen marktbeherrschender Unternehmen (§§ 21, 31, 40). Die Zielgleichheit macht auch überflüssig, Verfahren nach Art. 82 EG ergänzend im Bereich der Netznutzungsentgeltkontrolle anzuwenden, wenn die Regu-

---

[14] Vgl. *Fox*, World Competition 26 (2003), S. 149: We protect competition, not competitors.
[15] Insoweit voll überzeugend Supreme Court, aaO.
[16] Vgl. dazu kritisch die unabhängige Expertenkommission zum Abbau marktwidriger Regelungen (Deregulierungskommission), Marktöffnung und Wettbewerb, 1991, RdNr. 298ff. Auch die Monopolkommission kommt in ihrem 14. Hauptgutachten 2000/2001, Netzwettbewerb durch Regulierung, RdNr. 118ff., zu dem Ergebnis, dass die Länder mit der Tarifpreisaufsicht überfordert waren; ebenso *Baur/Henk-Merten*, RdE 2002, S. 193ff.

lierung zielgerecht funktioniert.[17] Die Methode zur Erfassung des Ausbeu-
tungsmissbrauchs ist das Konzept des wettbewerbsanalogen Preises, wie es Art.
82 EG und § 19 Abs. 4 GWB zugrunde liegt und im TKG und EnWG konkretisiert wird. Dieses Konzept ist methodisch mit Hilfe des Vergleichsmarktkonzep-
tes sowie mit Hilfe kostenbasierter, aber effizienzkontrollierender Betrachtung
operationalisierbar. Beide Methoden sind im Regulierungsrecht ausdrücklich
zugelassen, und zwar ist sowohl bei der Ex-Ante- als auch bei der Ex-Post-
Kontrolle zur Erkenntnis des wettbewerbsanalogen Preises das Vergleichsmarktkonzept und das Konzept der Kosten der effizienten Leistungserbringung
anwendbar.

Ziel der wettbewerbsorientierten Entgeltkontrolle ist es, Preise festzulegen, die
auf effizient entstandenen Kosten für sichere Netze basieren. Deshalb müssen
die Entgelte, die Netzbetreiber für den Zugang zu ihren Netzen berechnen, zum
einen der Netzsicherheit Rechnung tragen; zum anderen müssen sie den Kosten
„eines effizienten und strukturell vergleichbaren Netzbetreibers entsprechen"
(Art 4 StromhandelsVO; § 21 Abs. 2 EnWG; § 4 StromnetzentgeltVO). Damit
werden die unbestimmten Gesetzesbegriffe „wirksamer, chancengleicher, diskriminierungsfreier Wettbewerb" und „effizientes Funktionieren der Märkte" in
den EG-Richtlinien umsetzt. Bei „echtem Wettbewerb" ohne Quersubventionierung können die tatsächlichen Kosten eines Netzbetreibers auch bei Hinzurech-
nung einer angemessenen Eigenkapitalverzinsung nicht höher sein als die eines
effizient arbeitenden, strukturell vergleichbaren Netzbetreibers.

Das bedeutet nicht, dass damit zwangsläufig einheitliche Preise verbunden sind.
Eine kostenorientierte Preisbildung kann auch nach gegenwärtiger Rechtslage zu
unterschiedlich hohen Netzentgelten führen, weil die objektiv unabwendbaren
Kosten der Netzbetreiber unterschiedlich hoch sind. Eine Differenzierung der
Netznutzungsentgelte ist somit nicht notwendig „regulierungsbedingt". Objekti-
ve Strukturunterschiede der Netzgebiete, die im Energiebereich eine größere
Rolle spielen als im TK-Bereich, als anzuerkennende rechtfertigende Umstände
für gegebenenfalls unterschiedliche Netzentgelte sind in der kartellrechtlichen
Praxis anerkannt. Objektiv sind diese Strukturunterschiede stets dann, wenn sie
zu Kostenfaktoren führen, die jeder andere Betreiber eines öffentlichen Infra-
strukturnetzes in dem betreffenden Netzgebiet auch hätte. In diesem Fall können
einem Netzbetreiber höhere Kosten nicht als Ausdruck ineffizienten Netzbetriebs vorgeworfen werden. Unterschiedlich hohe Netznutzungsentgelte verschiedener Netzbetreiber sind dann strukturbedingt nicht vermeidbar.[18]

---

[17] Dies war in der Vergangenheit nicht immer der Fall, so dass es zu mehreren Verfahren
der EG-Kommission gemäß Art. 82 EG kam; vgl. dazu *Schröter/Klotz*, in: Säcker, Berliner
Kommentar zum Telekommunikationsrecht, 2005, Anhang I: Art. 82 EG RdNr. 97ff.
[18] Die Bundesregierung ist zu Recht der Ansicht, dass bestehende Standortvorteile bei der
Ansiedlung von Gewerbe und Industrie aufgrund unterschiedlich hoher Netzentgelte den
Netzbetreibern einen Anreiz zur Kostensenkung geben können. Ein Regulierungsansatz der
„Gleichpreisigkeit" würde diese Anreize der Kostensenkung beseitigen. Ein durch die Regu-

Die Anreizregulierung gemäß § 21a entspricht dem Ziel der Richtlinien, wettbewerbsorientierte Energiemärkte, die durch dynamische Effizienzverbesserun-
gen charakterisiert sind, zügig zu errichten; denn die Anreizregulierung ist das
marktwirtschaftskonformste, weil die Eigeninitiative der Unternehmen Spiel-
raum lassende Instrument zur Erreichung wettbewerbsanalogen Verhaltens.
Die Orientierung am Konzept effizienter Leistungserbringung verträgt sich
widerspruchsfrei mit den Grundsätzen der kartellrechtlichen Missbrauchsaufsicht gemäß Art. 82 EG und §§ 19 und 20 GWB. Die Kontrolle der Entgelte
marktbeherrschender Unternehmen, wie sie durch Art. 82 EG und § 19 GWB
ermöglicht wird, orientiert sich am wettbewerbsanalogen Preis, dessen Höhe
sich aus dem Marktverhalten eines effizient operierenden, strukturell vergleichbaren Unternehmens ableiten lässt (sog. Strukturvergleichskonzept); denn Ziel
der Art. 81ff. EG ist ein System unverfälschten, echten Wettbewerbs (Art. 3
lit. g EG). Der „Als-ob-Wettbewerbspreis" ist in dieser Konzeption nicht ein
iustum pretium (gerechter Preis) i.s. einer service-public-Doktrin[19], sondern ein
Preis, der mit Hilfe eines realen Vergleichsmarktes zu ermitteln ist, auf dem effiziente Wettbewerber agieren. Ein Markt mit „significant impediments to
effective competition" (Art 2 FKVO) kommt dagegen nicht oder allenfalls begrenzt[20] als Vergleichsmarkt in Betracht. Ein monopolistischer Markt – sei er
hoheitlich reguliert oder nicht – liefert keinen unverfälschten Wettbewerbspreis.
Das Kammergericht[21] hat deshalb mit Billigung des Bundesgerichtshofes in der
Entscheidung Valium/Librium[22] nur den niederländischen, nicht aber den engli-
schen oder italienischen Pharmamarkt zum Zeitpunkt der Entscheidung als
kompetitiven Vergleichsmarkt anerkannt. Nur ein Markt mit wirksamem Wettbewerb kann aussagekräftige marktwirtschaftskonforme Preissignale liefern und
eine effiziente Leistungserbringung anzeigen. Die vergleichsweise Heranziehung anderer Monopolmärkte kann daher nur mit äußerster Vorsicht geschehen,
indem geprüft wird, ob der dort geltende Preis wettbewerbsanalog ist. Ein hoheitlich regulierter Preis auf ausländischen Märkten kann somit nicht unkontrol-
liert übertragen und im Inland als verbindlicher Maßstab herangezogen werden.
Es ist daher richtig, dass die BNetzA, wenn kompetitive Vergleichsmärkte nicht
zur Verfügung stehen, die Entgelte auch anhand von analytischen Kostenmodel-
len ermitteln kann, um die Effizienz des unternehmerischen Verhaltens nachzu-
messen (vgl. auch § 38 Abs. 2 S. 3 TKG). Lässt sich in Ermangelung brauchba-
rer Vergleichsmärkte keine Missbrauchsprüfung nach § 30 Abs. 1 S. 2 Nr. 5
EnWG vornehmen, so muss die Behörde den Maßstab des § 21 Abs. 2 i.V. mit

---

lierung angestoßener Effizienzwettbewerb der Betreiber von Versorgungsnetzen kann und
soll zu insgesamt sinkenden Netznutzungsentgelten führen.

[19] Vgl. dazu zuletzt *Möschel*, JZ 2003, S. 1021ff.

[20] Vgl. dazu näher BGHZ 59, S. 42,45 „Stromtarif"; BGH, WuW/E BGH 2309, 2310f.;
OLG Hamburg, Urt. v. 2.5.1985 WuW/E OLG 3650 Glockenheide; ferner BGH, WuW/E
BGH 2967, 2974 „Weiterverteiler".

[21] KG vom 5.1.1976 – Kart 41/74, WuW/E OLG 1645.

[22] BGH, Urt. v. 16.2.1970, BGHZ 68, S. 23.

§ 30 Abs. 1 S. 1 EnWG unmittelbar – notfalls im Wege analytischer Referenzmodelle – präzisieren.[23] Wenn der Verordnungsgeber in § 19 der GasNEV bei den überregionalen und regionalen Ferngasnetzen grundsätzlich nur eine Vergleichsmarktbetrachtung der Ein- und Ausspeiseentgelte zulassen will, so ist dies mit der EG-Gasrichtlinie nur vereinbar, wenn das Vergleichsverfahren nach § 26 der Verordnung gemäß den vorstehenden Grundsätzen durchgeführt wird und, sofern das nicht möglich ist, auf § 21 EnWG i.V. mit §§ 3ff. der GasNEV zurückgegriffen werden kann. Im Übrigen besteht im Grundsatz über das Prinzip, nur die Kosten eines effizienten Netzes anzusetzen, volle Einigkeit. Auch die Verbändevereinbarung Strom VV II plus, Anlage 3, hat diesen Grundsatz festgelegt, dass Posten nur „in dem Umfang, in dem sich im Wettbewerb einstellen" würden, berücksichtigungsfähig seien.

Das Bundeskartellamt und die kartellgerichtliche Judikatur haben die bis 1998 als Ermessensvorschrift („kann") ausgestaltete Missbrauchsaufsicht bislang nur sehr behutsam angewandt[24] und z.B. eine Preissenkungsverfügung als ermessensfehlerhaft eingestuft bzw. einen Missbrauch verneint, wenn der Selbstkostenpreis trotz unternehmerischer Anstrengungen zur Senkung der Kosten nur vorübergehend oder nur unerheblich (weniger als 10%) oberhalb des kosteneffizienten wettbewerbsanalogen Preises lag.[25]

Der Gesetzgeber hat noch dem Umstand Rechnung zu tragen, dass die Netzentgeltregulierung anreizorientiert zu erfolgen hat. Deshalb muss gewährleistet sein, dass besonders effiziente Unternehmen eine höhere Eigenkapitalverzinsung erreichen können als weniger erfolgreich geführte Unternehmen mit verzögerten oder unzureichenden Rationalisierungs- und Kostensenkungsprogrammen. Eine durch Rechtsverordnung festgelegte Einheitsverzinsung ist kontraproduktiv für die Entfaltung wirksamen Wettbewerbs, den die EG-Richtlinien wollen. Es muss sich im Vergleich zu anderen Kapitalanlagen auch in Zukunft als Anreiz zu Innovation und Wachstum lohnen, in sichere Versorgungsnetze zu investieren.[26]

---

[23] Im TK-Bereich geschieht dies bereits; vgl. dazu Homepage der BNetzA.
[24] Zu den laufenden Verfahren des Bundeskartellamtes wegen der Gaspreiserhöhungen vgl. *Boesche*, WuW 2006, Heft 4.
[25] Vgl. BGH, WuW/E BGH 1965 „Gemeinsamer Anzeigenteil"; BGH, WuW/E DE-R 375 „Flugpreisspaltung"; ferner OLG Düsseldorf vom 11.2.2004 – IV – Kart 4/03 (V) – „Teag" und vom 17.3.2004 – „Stadtwerke Mainz".
[26] Vgl. dazu näher *Säcker*, RdE 2003, S. 301, 306.

Die Entwicklung der Rechtsgrundlagen für die Elektrizitätswirtschaft in der Russischen Föderation

Tatjana M. Kasjonowa

Vor relativ kurzer Zeit, in den Jahren 2000 bis 2002, ist in Russland die Entwicklung der neuen Gesetzgebung für die Elektrizitätswirtschaft erforderlich geworden. Dies war durch die dynamische Entwicklung dieses wichtigen Industriesektors bedingt.

2001 wurde eine Forschungsgruppe für Energierecht im Institut für Staat und Recht der Russischen Akademie der Wissenschaften im Rahmen des Programms der Zusammenarbeit zwischen der Russischen Akademie der Wissenschaften und der RAG „Einheitliche Energiesysteme Russlands" gebildet. Die Institutsmitarbeiter haben Rechtsgutachten zu den Entwürfen der Rechtsvorschriften im Zusammenhang mit der Reform der Elektrizitätswirtschaft erstellt, die durch verschiedene föderale Exekutiv- und Legislativorgane vorbereitet wurden.

Die Forschungsgruppe für Energierecht hat mehrere Rechtsgutachten zu den Entwürfen folgender Föderalgesetze erstellt: „Über die Änderung und Ergänzung des Föderalgesetzes „Über die staatliche Regulierung der Tarife für Elektrizität und Wärme in der Russischen Föderation", „Über die Elektrizitätswirtschaft", vorbereitet von der föderalen Regierung und einer Gruppe der Abgeordneten der Staatsduma; „Über Änderungen und Ergänzungen zum Zweiten Teil des Zivilgesetzbuches der Russischen Föderation", „Über Änderungen und Ergänzungen zum Föderalgesetz „Über die natürlichen Monopole", „Über Änderungen und Ergänzungen zum Föderalgesetz „Über den Schutz des Wettbewerbs und Beschränkungen der Monopole".

Die oben genannten Gesetzesentwürfe hatten die Verbesserung der rechtlichen Regulierung der Elektrizitätswirtschaft zum Ziel und waren in der Anordnung der föderalen Regierung Nr. 1040-r vom 3. August 2001 und in der Verordnung der föderalen Regierung Nr. 526 „Über die Reform der Elektrizitätswirtschaft der Russischen Föderation" und in anderen Rechtsakten der föderalen Exekutive vorgesehen.

Es ist hervorzuheben, dass die Effizienz des Elektrizitätsmarktes nur durch angemessene Rechtsgrundlagen, die die Preisbildung unter Wettbewerbsbedingungen unterstützen und die Diskriminierung einzelner Marktteilnehmer verhindern, gewährleistet werden kann. Das vorläufige Ergebnis der Rechtsreform in der Elektrizitätswirtschaft ist das Föderalgesetz „Über die Elektrizitätswirtschaft"[1] und Einführung neuer Rechtsvorschriften in andere geltende Gesetze.

2003 wurde durch die Ausgliederung der Dienstleistungen im Zusammenhang mit Steuerung und Verwaltung und der Dienstleistungen im Zusammenhang mit der Durchleitung der Elektrizität und Wärme der Tätigkeitsbereich der natürli-

---

[1] SZ RF 2003, Nr. 13, Pos. 1177.

chen Monopole verändert (Art. 4 des Föderalgesetzes „Über die natürlichen Monopole").[2] Durch die Zuordnung der Dienstleistungen im Zusammenhang mit der Durchleitung zum Tätigkeitsbereich der natürlichen Monopole wurde gleicher Zugang der Verkäufer und Käufer zum Elektrizitätsmarkt und eine effektive Regulierung der Durchleitungsentgelte ermöglicht.

So wurde in das Föderalgesetz „Über die natürlichen Monopole" eine Vorschrift über die Gewährung des diskriminierungsfreien Zugangs zu den Märkten durch natürliche Monopole gemäß den Vorgaben des Wettbewerbsrechts eingefügt (Art. 8 Ziff. 3). Wenn man diese Norm im Zusammenhang mit dem Zugang zu dem Elektrizitätsmarkt betrachtet, ergibt sich daraus, dass den Elektrizitätserzeugern der Zugang zu den Netzen, also zu einem Tätigkeitsbereich der natürlichen Monopole, garantiert wird. Diese Garantie ist wesentlich, da eine Erzeugergesellschaft die Elektrizität nur durch die Netze der natürlichen Monopole an Vertriebsgesellschaften liefern kann.

Zur Erhöhung der Sicherheit des Einheitlichen Energiesystems wurde die offene Aktiengesellschaft „Föderale Netzgesellschaft des Einheitlichen Energiesystems" (FNG EES) gegründet, die das einheitliche nationale (allrussische) Elektrizitätsnetz und lokale Elektrizitätsnetze außerhalb des einheitlichen nationalen (allrussischen) Elektrizitätsnetzes verwaltet.

Eines der wichtigsten Ziele der Reform ist die Entwicklung des einheitlichen Steuerungssystems. Gemäß dem Spezialgesetz über die Elektrizitätswirtschaft existiert derzeit die Zentrale Steuerungseinrichtung des Einheitlichen Energiesystems (OAG „ZSE EES"), die für die Sicherheit der Energieversorgung, die Qualität der Elektrizität und die Sicherstellung der Erfüllung der Verpflichtungen der Marktteilnehmer aus Verträgen, die auf den Märkten für Großabnehmer und Endverbraucher abgeschlossen wurden, zuständig ist.

Die Kontrolle über den Handel mit Elektrizität auf dem Markt für Großabnehmer wird durch die nichtwirtschaftliche Vereinigung „Verwalter des Handelssystems des Marktes für Großabnehmer" (nV „VHS") ausgeübt. Die nV „VHS" hat Kontroll- und Regulierungsbefugnisse, unter anderem beteiligt sie sich an der Vorbereitung der Entwürfe der Regeln für den Markt für Großabnehmer und der Änderungen und Ergänzungen dazu. Derzeit sind die Grundlagen des Handels auf dem Markt für Großabnehmer in der Verordnung der föderalen Regierung Nr. 793 vom 12. Juli 1996 festgelegt.

Was die Regeln für die Märkte für Endverbraucher angeht, sind sie noch in Vorbereitung und noch nicht in Kraft getreten. In diesem Zusammenhang muss hervorgehoben werden, dass diese Regeln gemäß dem Föderalgesetz „Über die Elektrizitätswirtschaft" von der föderalen Regierung bestätigt werden müssen.

Das Ergebnis der Reform im Bereich der Elektrizitätserzeugung ist die Gründung der großen Elektrizitätserzeugungsgesellschaften auf der Grundlage der Kraftwerke der RAG „Einheitliche Energiesysteme Russlands" und der lokalen

---

[2] SZ RF 1995, Nr. 34, Pos. 3426.

Elektrizitätserzeugungsgesellschaften auf der Grundlage der regionalen Kraftwerke, die nicht zu großen Elektrizitätsgesellschaften gehören. Große und lokale Elektrizitätserzeugungsgesellschaften sind grundsätzlich unabhängige Erzeuger und sollen miteinander im Wettbewerb stehen. Daher sind für die positive Entwicklung dieser Gesellschaften Rechtsvorschriften zur Unterstützung des Wettbewerbs und zur Verhinderung des Missbrauchs der marktbeherrschenden Stellung erforderlich.

Wie das Elektrizitätserzeugungssegment soll auch das Elektrizitätsvertriebssegment für den Wettbewerb geöffnet werden. Mehrere Elektrizitätsvertriebsgesellschaften wie Vertriebsgesellschaft Nowgorod, Kusbassenergo, Krasnojarskenergosbyt und andere sind bereits in Betrieb. Für dieses Segment sind die Rechtsvorschriften von herausragender Bedeutung, die eine sichere Versorgung der Verbraucher garantieren.

Bei der weiteren Entwicklung der Rechtsgrundlagen unter den Bedingungen einer allmählichen Liberalisierung wird das Wettbewerbsrecht eine wichtige Rolle spielen, da die wirtschaftliche Effizienz der Märkte sowohl für Großabnehmer als auch für Endverbraucher von der Einhaltung der Wettbewerbsregeln durch die Marktteilnehmer unmittelbar abhängt. Als Grundlage können dabei die Vorschriften der Verfassung der Russischen Föderation dienen (Art. 8 Ziff. 1, Art. 34 Ziff. 2), die die freie Marktwirtschaft, Unterstützung des Wettbewerbs, das Verbot der Monopolisierung und des unlauteren Wettbewerbs als Grundwerte festlegen.

Die Grundlagen des Wettbewerbsrechts sind im Gesetz der RSFSR Nr. 948-1 „Über den Wettbewerb und die Beschränkung monopolistischer Tätigkeit" vom 22. März 1991[3] (im folgenden Wettbewerbsgesetz) bestimmt. Danach sind die Handlungen von privaten Unternehmen, föderalen Exekutivorganen, Exekutivorganen der Föderationssubjekte und von Organen der örtlichen Selbstverwaltung, die den Wettbewerb beschränken, verboten. Die Normen des Wettbewerbsgesetzes sind auch auf die natürlichen Monopole anzuwenden.

Einige wettbewerbsrechtliche Vorschriften sind im Spezialgesetz „Über die Elektrizitätswirtschaft" enthalten, in denen die Besonderheiten des Wirtschaftssektors Berücksichtigung finden. Die folgenden wettbewerbsrechtlichen Aspekte sollten bei der Entwicklung der Rechtsnormen, die auf die Elektrizitätswirtschaft Anwendung finden, beachtet werden:

- Verbot von Absprachen (Handlungen aufgrund von Absprachen) der Einrichtungen der Elektrizitätswirtschaft, die die Beschränkung des Wettbewerbs zum Ziel haben
- Verbot der Diskriminierung der Elektrizitätserzeugungs- und -vertriebsgesellschaften
- Missbrauch der marktbeherrschenden Stellung auf den Elektrizitätsmärkten.

---

3   Bulleten' der normativen Rechtsakte 1992, Nr. 2-3.

Für die Entwicklung der Elektrizitätsmärkte sind folgende wettbewerbsrecht-
liche Aspekte maßgeblich:
- Verbot der monopolistischen Tätigkeit
- Klare Abgrenzung zwischen den Bereichen der natürlichen Monopole und
  den Bereichen, die für den Wettbewerb geöffnet sind
- Entwicklung des lauteren Wettbewerbs.

2003 hat die Regierung der Russischen Föderation „Energiestrategie Russlands
für den Zeitraum bis 2020" ausgearbeitet, in der die wichtigsten Maßnahmen zur
Entwicklung des Binnenmarktes des Brennstoff- und Energiesektors zusammengefasst sind:
- Politische Strukturmaßnahmen im Energiesektor, einschließlich der Reform der natürlichen Monopole, zur Entwicklung des Wettbewerbs in den
  einzelnen Segmenten des Brennstoff- und Energiesektors
- Entwicklung der Regeln des Handels mit Energieressourcen
- Entwicklung der Mechanismen der staatlichen Kontrolle über die Energiemärkte.

Es sind folgende politische Strukturmaßnahmen vorgesehen:
- Verbesserung der Organisationsstruktur des Brennstoff- und Energiesek-
  tors durch Entwicklung des Wettbewerbs und Förderung der unabhängi-
  gen Elektrizitätserzeuger;
- Regulierung von Preise (Tarife) in den Tätigkeitsbereichen der natürlichen
  Monopole während des gesamten Geltungszeitraums der Strategie.

Die Entwicklung der wettbewerbsrechtlichen Kontrolle über die Energiemärkte
(den allrussischen und die regionalen) und die Verhinderung der monopolistischen Marktbeherrschung in einzelnen Segmenten hat hierbei die höchste Priorität. Die genannten Maßnahmen werden eine effektive Entwicklung der Wirtschaftsbeziehungen in der Elektrizitätswirtschaft und die Transparenz der
Marktregeln fördern.

Über die Schwerpunkte der staatlichen Regulierung des Gasmarktes in der Russischen Föderation

Lew W. Schamis

Der Übergang zur Marktwirtschaft in der Gaswirtschaft wird sowohl im In- als auch im Ausland mit großem Interesse verfolgt. Die Bedeutung dieser Entwicklung für die wirtschaftliche Entwicklung und Energiesicherheit der Russischen Föderation und vieler Staaten in Europa und Asien ist wesentlich. Folgende Angaben sollen dies verdeutlichen:

- auf dem Gebiet der Russischen Föderation befinden sich mehr als 30% aller Gasvorkommen;
- die Russische Föderation belegt den ersten Platz hinsichtlich der Fördermengen des Erdgases (mehr als 23%);
- ca. 25% des in Europa verbrauchten Erdgases wird aus der Russischen Föderation geliefert;
- das russische System der Gasrohrleitungen ist in das europäische System integriert.

Diese Fakten zeugen auch von den strategischen Vorteilen Russlands auf dem Weltgasmarkt. Die Erhaltung dieser Stellung wird im Wesentlichen von der Entwicklung des Gasbinnenmarktes abhängen.

Wir sind der Ansicht, dass das Ziel der Entwicklung des Gasbinnenmarktes ein Wirtschaftssystem sein soll, für das der Staat folgende Rahmenbedingungen gewährleistet:

- ein effektiver Wettbewerb, der durch die Änderung der Politik der Preisregulierung und Antimonopolmaßnahmen entstehen soll;
- soziale Maßnahmen, unter anderem Entschädigungen, als Korrektiv des effektiven Wettbewerbs;
- Umverteilung und Förderung der Investitionen in die Restrukturierung des Sektors.

Die Restrukturierung des Sektors soll nicht dem freien Markt überlassen werden, da dies zu ungerechtfertigten Mehrausgaben führen, die Restrukturierung verzögern wird und das Erreichen der gesellschaftlich konformen Ziele nicht garantiert.

Andererseits führen direkte Interventionen des Staates auf dem freien Markt nicht zur erwünschten positiven Entwicklung.

Die Erhöhung der Wettbewerbsfähigkeit, Restrukturierung der Wirtschaft und Beschleunigung der wirtschaftlichen Entwicklung erfordert ein Umdenken hinsichtlich der für die Wirtschaftslehre und –praxis traditionellen Modelle und Vorstellungen über die Rolle des Staates in wirtschaftlichen und sozialen Reformen, die Bestimmung der Strategie und Taktik der Umsetzung der neuen Modelle, der Prioritäten und Schwerpunkte der Restrukturierung und der Voraussetzungen einer erfolgreichen Reform. Diese Aspekte sind für die Gaswirtschaft hochaktuell.

Zunächst soll der russische Gasbinnenmarkt charakterisiert werden. Er kann in zwei Segmente aufgeteilt werden:
- Gasmarkt innerhalb des Gastransportsystems des Einheitlichen Systems der Gasversorgung (im folgenden – Gasmarkt ESG);
- Gasmärkte lokaler Gasversorgungssysteme.

Der Gasmarkt ESG umfasst 55 von 57 administrativen Einheiten des europäischen Teils und 9 administrative Einheiten Westsibiriens. Dies entspricht ungefähr der Hälfte des Staatsgebiets der Russischen Föderation.
Die lokalen Gasversorgungssysteme sind Märkte mit einem Verkäufer, der Gas fördert, transportiert und verkauft, also eigentlich lokale Monopolmärkte. In diesem Marktsegment wird weniger als 2% des Gases jährlich verbraucht.
Der russische Gasbinnenmarkt ist aufgrund der bestehenden Besonderheiten ein Markt der natürlichen Monopole. Dies ist im Wesentlichen durch das über die Jahre entwickelte System der Gasrohrleitungen bedingt, das durch die offene Aktiengesellschaft Gasprom verwaltet wird.

Die Gasversorgung der russischen Verbraucher erfolgt durch das ESG. Das ESG ist eine einmalige Infrastrukturanlage zum Gastransport über große Entfernungen. Die Gesamtlänge der Gasfernleitungen beträgt mehr als 150000 km, von denen 149300 km der Rohrleitungen von Gasprom verwaltet werden. Gasprom hat das natürliche Monopol auf den Gastransport sowohl auf dem Binnenmarkt als auch ins Ausland.
Der Gasbinnenmarkt hat folgende Teilnehmer:
- die offene Aktiengesellschaft Gasprom und verbundene Gesellschaften;
- Gasunternehmen, die Verbraucher über lokale Leitungen versorgen;
- Gasunternehmen, die nicht zu Gasprom gehören und die Verbraucher über die Leitungen des ESG versorgen;
- vertikal integrierte Erdölgesellschaften und andere Erdölgesellschaften, die auch Gas fördern;
- Gesellschaften, die den Gastransport durch Gasverteilungssysteme für andere übernehmen;
- Gesellschaften, die den Gastransport an Endverbraucher gewährleisten.
Die Gasfördermengen und –struktur nach Gasfördergesellschaften für den Zeitraum zwischen 1999 und 2004 (in Mio. m^3)

	1999	2000	2001	2002	2003	2004
Gesamt	592,0	584,2	581,2	595,3	620,2	633,4
Offene AG Gasprom	545,6	523,2	511,9	521,9	540,2	545,1
Unabhängige Gasförder-gesellschaften, davon	46,5	61,0	69,3	74,8	80,1	88,3
Vertikal integrierte Erd-ölgesellschaften	29,8	31,0	33,6	34,1	40,4	44,9
Gesellschaften, die Erd-öl- und Gas fördern	13,2	26,4	35,2	40,5	39,5	43,2
Gesellschaften, die auf-grund der Product Sha-ring Agreements tätig sind	3,4	3,6	0,5	0,2	0,2	0,2
Unternehmen, die Zu-gang zum ESG haben	19	21	24	33	31	39

Der russische Gasmarkt verändert sich unter vielen Aspekten, unter anderem hinsichtlich der staatlichen Regulierung, der Liberalisierung einzelner Markt-segmente, weiterer Liberalisierung der Preisregulierung usw.

Die Beziehungen zwischen den Marktteilnehmern in der Gaswirtschaft werden durch föderale und regionale normative Rechtsakte geregelt. Es handelt sich da-bei um vier Gruppen von Gesetzen und Verordnungen:

1. Gesetze und Verordnungen, die die Regeln für den Gasbinnenmarkt fest-legen;
2. Regierungsverordnungen, die die Preisbildung auf dem Gasbinnenmarkt regeln;
3. normative Rechtsakte, die die Reform der Gaswirtschaft betreffen;
4. weitere normative Rechtsakte, die unter anderem die Gaswirtschaft betref-fen.

Die Reform des Gasbinnenmarktes setzt in erster Linie die Verbesserung der geltenden Rechtsvorschriften und des Preisbildungssystems voraus.

Das geltende Preisbildungssystem besteht aus zwei Ebenen: den Preisen für Großabnehmer und für Endverbraucher.

Der Gaspreis setzt sich aus dem Preis für Großabnehmer zusammen, wenn das Gas von Gasprom und verbundenen Gesellschaften gefördert wurde, dem Preis der Gasförderung durch unabhängige Gasfördergesellschaften und Gaslieferan-ten einschließlich des Tarifs für den Gastransport durch das ESG, dem Tarif für den Transport durch Gasverteilungsnetze und dem Preis für den Vertrieb und die Versorgung. Alle Komponenten des Preises für Endverbraucher werden vom Staat reguliert.

Das Exekutivorgan, das für die staatliche Regulierung der Preise (Tarife) für Waren (Dienstleistungen) und die Kontrolle über die Anwendung sowie für die

Festsetzung und Anwendung der Preise (Tarife) im Bereich der natürlichen Monopole zuständig ist, ist der Föderale Tarifdienst.

Folgende Preise und Tarife werden in der Gaswirtschaft vom Staat reguliert:

- Tarife für den Gastransport durch Gasleitungen;
- Gaspreise für Großabnehmer im Zeitpunkt des Abschlusses des Transports durch Fernleitungen, mit Ausnahme des Gases, das durch Gesellschaften gefördert wird, die mit den Aktiengesellschaften Gasprom, Jakutgasprom, Norilskgasprom, Kamtschatgasprom und Rosneft-Sachalinmorneftegas nicht verbunden sind;
- Preise für Großabnehmer für das Erdölgas, das an Gasverarbeitungsbetriebe geliefert wird;
- Preise für Großabnehmer für das Flüssiggas, das im Haushalt verbraucht wird;
- Preis für den Vertrieb und die Versorgung der Endverbraucher durch Gaslieferanten (bei der Regulierung der Preise für Großabnehmer).

Derzeit wird der Preis für Großabnehmer für Erdgas, das von Gasprom und den verbundenen Gesellschaften gefördert wird, je nach Zuordnung zu einer von 11 Preiszonen bestimmt (eigentlich existieren 13 Preiszonen, da die Preiszone 4a für die Republik Komi und Gebiete Astrachan und Orenburg und die Preiszone 10a für das Gebiet Kaliningrad eingeführt wurden).

Die sog. Differenzierungstiefe (Preisdifferenz zwischen der 1. und 11. Preiszone) beträgt 47,7% für Industrieabnehmer und 26,4% für Haushalte in 2006 (2005 betrug die Differenz 46,6% und 25%). Im April 2005 hatte der Gaspreis für Haushalte in der 1. Preiszone die gleiche Höhe wie der Preis für Industrieabnehmer in der gleichen Preiszone erreicht.

Das Gas ist der billigste Brennstoff in Russland, obwohl seine für den Verbrauch wesentlichen Eigenschaften besser als die von vielen anderen Brennstoffen sind. Aus dem Preisvergleich ergibt sich, dass Gas 2,5-3 Mal billiger als Heizöl und 15-20% billiger als Kohle ist. Die ungerechtfertigt niedrigen Preise für Gas im Vergleich zu anderen Brennstoffen haben zu einem unangemessen hohen Zuwachs des Gasanteils auf dem russischen Energiemarkt geführt.

Durch die Verordnung der föderalen Regierung Nr. 1021 „Über die Grundlagen der Festsetzung und der staatlichen Regulierung der Gaspreise und der Tarife für den Gastransport auf dem Gebiet der Russischen Föderation" vom 29. Dezember 2000 wurde das System der Bildung von Gaspreisen auf dem Binnenmarkt bestimmt.

Der Übergang von der staatlichen Regulierung der Gaspreise für Großabnehmer zur staatlichen Regulierung der Tarife für den Gastransport durch Gasfernleitungen soll in mehreren Phasen vollzogen werden. In der ersten Phase werden Gaspreise für Großabnehmer, Tarife für Gastransport durch Gasfernleitungen für unabhängige Gesellschaften, Kalkulationsgrundlage für Tarife für Gastransport und deren Anwendung, Gründung von einer oder mehreren Gastransportgesellschaften, die Gas durch Fernleitungen transportieren, sowie die Aufteilung des Gastransporttarifs in den Preis der Dienstleistung und die Selbstkosten vom Staat geregelt.

In der zweiten Phase wird die Begründung für die Liberalisierung der Gaspreise vorbereitet und die staatliche Regulierung der Gaswirtschaft durch Festsetzung der Gastransporttarife für Fernleitungen und Verteilungsnetze beschränkt. Was die normativen Rechtsakte betrifft, die die Regeln für den Gasbinnenmarkt festlegen, ist deren Anzahl relativ groß.

Von großer Bedeutung für die Liberalisierung des Gasmarktes ist das Föderalgesetz „Über die Gasversorgung". Dieses Föderalgesetz:

1. sieht die „Erweiterung des Anwendungsbereiches von Marktpreisen für Gas und Dienstleistungen zur Entwicklung der Gasversorgung der Wohnhäuserverwaltungen, Industrieunternehmen und anderen Einrichtungen unter Berücksichtigung des Wertes, der Qualität und der für den Verbrauch wesentlichen Eigenschaften anderer vergleichbarer Energieressourcen zum Zwecke der Schaffung des Marktes der Energieressourcen" vor (Art. 20);

2. enthält Antimonopolvorschriften für Organisationen, die Eigentümer der Gasversorgungssysteme sind;

3. bestimmt die Befugnisse der staatlichen Regulierungsorgane.

Das Gasversorgungsgesetz fordert eine einheitliche Rechtsgrundlage und Durchführung einer einheitlichen Preispolitik auf einem einheitlichen Gasmarkt, wodurch die vorzeitige Überführung einzelner Verbrauchergruppen in dem nicht staatlich regulierten Marktsegment praktisch unmöglich gemacht wird. Viele Industrieabnehmer werden sich weigern, den Übergang zu den Marktpreisen zu akzeptieren.

Es ist erforderlich, dass ab einem bestimmten Zeitpunkt für alle Industrieabnehmer oder einzelne Gruppen der Industrieabnehmer unter Berücksichtigung der makroökonomischen Folgen Marktpreise gelten sollen.

Beim Übergang zu Marktpreisen muss ein differenziertes System bestimmt werden, wonach der Gaspreis von der Region, in die geliefert wird, und der Tätigkeitsart des Verbrauchers abhängen soll. Bei Gaslieferungen für den staatlichen Bedarf (z.B. an staatseigene Rüstungsbetriebe) sollen die Preise vom Staat kontrolliert werden. Dabei soll die Entschädigung des Lieferanten für den entgangenen Gewinn geregelt werden.

Um die oben genannten Beschränkungen aufzuheben, soll die Struktur des Gasmarktes, bestehend aus zwei Segmenten (freier Markt, auf dem die Preise aufgrund von Verträgen, auch auf der Börse, bestimmt werden, und der zu regulierende Markt für sozial schwache und vom Staat geschützte Verbraucher (Bevölkerung, Wohnhäuserverwaltungen) durch ein Föderalgesetz festgelegt werden.

Für die Entwicklung der Gaswirtschaft, die Anreize für Investitionen schafft und das Geschäft gewinnbringend macht, ist eine allmähliche Öffnung des Gasmarktes erforderlich, wodurch das Interesse der unabhängigen Gasförderungsgesellschaften an der Gasversorgung geweckt wird.

Als besonders aktuell gelten folgende Entwicklungsmöglichkeiten:

Modell 1

- unabhängige Gasfördergesellschaften, die an ESG angeschlossen sind, sind auf dem freien Markt tätig;
- die Gasprojekte in Ostsibirien und im Fernen Osten werden aufgrund der Lieferungen zu Marktpreisen umgesetzt;
- das durch Gasprom über das ESG transportierte und verkaufte Gas wird allmählich zu Marktpreisen angeboten: 2010 – an 40% der Industrieabnehmer, 2015 – an 90% der Industrieabnehmer und 50% der Haushalte, 2020 – an 100% der Industrieabnehmer

Modell 2 sieht einen schnelleren Übergang zu Marktpreisen vor und unterscheidet sich vom Modell 1 durch die schnellere Beschränkung der staatlichen Preisregulierung für das durch das ESG transportierte Gas: 2010 – 90% der Industrieabnehmer und 50% der Haushalte, 2015 – Gas für alle Verbraucher nur zu Marktpreisen.

Ein weiterer Aspekt der staatlichen Regulierung soll hier erwähnt werden. Die westliche Volkswirtschaftslehre hat endlich die These aufgegeben, dass sich der Staat lediglich durch Festlegung der Wettbewerbsregeln und durch den Eigentumsschutz an dem Marktgeschehen beteiligen darf. Es hat sich die Auffassung durchgesetzt, dass sich der Staat unmittelbar an der Investitionstätigkeit und Strukturreformen beteiligen soll.

Es ist wissenschaftlich erwiesen, dass schnelle Strukturreformen hohe Investitionen innerhalb kürzester Zeit erfordern. Dies ist dadurch bedingt, dass eine wesentliche Erhöhung von Investitionen in den Schwerpunktbereichen der Strukturreform erfolgen soll, die die durchschnittlichen Möglichkeiten der Privatinvestoren oder auch, wie im Falle des Gasprom, der privaten und staatlichen Investoren übersteigt.

In einer solchen Situation ist ein Beitrag des Staates zum „qualitativen Sprung", der für die schnelle Strukturreform der Gaswirtschaft erforderlich ist, zulässig und wirtschaftlich notwendig.

In den letzten Jahren waren keine größeren Investitionen des Staates in die Gaswirtschaft zu verzeichnen. Die Föderalen Programme 2004-2005 hatten nicht die Strukturreform der Gaswirtschaft zum Ziel. Allerdings können mehrere Bereiche festgestellt werden, in denen die staatliche Unterstützung durch Investitionen erforderlich ist.

Einer der Aspekte ist die Beschleunigung der Entwicklung der Gasversorgung der Volkswirtschaft, insbesondere auf dem Land. Derzeit wäre es für Gasprom möglich, dies zu finanzieren, es ist jedoch mit wirtschaftlichen Nachteilen verbunden. Durch die Beschleunigung der Entwicklung der Gasversorgung auf dem Land wird der Gasverbrauch auf dem Binnenmarkt erhöht und somit die Möglichkeiten des Exports eingeschränkt.

Da die Preisdifferenz für Gas auf dem Binnen- und Weltmarkt wesentlich ist, werden durch den Zuwachs des Gasverbrauchs auf dem Binnenmarkt die Gewinne reduziert. Die wirtschaftliche „Unvorteilhaftigkeit" der Erweiterung der Gaslieferungen auf dem Binnenmarkt ist auch dadurch zu erklären, dass beim Verkauf zu den auf dem Binnenmarkt aufgrund der staatlichen Regulierung festgesetzten Preisen die Gesellschaft keine Gewinne erwirtschaftet und sogar Verluste erleidet. 2005 betrug der Verlust 1,5 Mrd. Rubel, für 2006 wird er voraussichtlich 2,5 Mrd. Rubel betragen.

In Russland existieren insgesamt 110200 Siedlungen. Nach den statistischen Angaben waren zum 1. Januar 2005 lediglich 79800 Siedlungen (72,4%) an die Gasversorgung mit dem Erd- oder Flüssiggas angeschlossen. Somit sind mehr als 30000 Siedlungen derzeit nicht an die Gasversorgung angeschlossen.

Wenn das Tempo der Entwicklung der Gasversorgung gleich bleibt (850-1000 Siedlungen jährlich), wird man für den Anschluss aller Siedlungen auf dem Land an das Gasversorgungssystem ca. 30 Jahre brauchen, was nicht akzeptabel ist. Die staatlichen Investitionen in diesen Bereich sind dringend erforderlich, da ohne staatliche Beteiligung für die Gasversorger wirtschaftliche Nachteile überwiegen.

Es wurde oft hervorgehoben, dass die Vorstellung von der Gaswirtschaft als einem Industriezweig, der keinen wesentlichen Beitrag zur Strukturreform der Gesamtwirtschaft leisten kann, nicht zutreffend ist.

Aus unserer Sicht ist diese Auffassung weiterhin verbreitet, obwohl sie wegen der positiven Konjunkturentwicklung und der hohen Gaspreise auf dem Weltmarkt nicht so oft artikuliert wird. Derzeit werden die Probleme der russischen Gasindustrie durch hohe Exporteinnahmen verdeckt.

Aus meiner Analyse ergibt sich, dass zumindest drei wichtige Aspekte der Strukturreform in der Gaswirtschaft existieren, die sehr hohe Investitionen erfordern.

I. Die wesentliche Erhöhung der zu verarbeitenden Gasmengen und die Änderung der Gasverarbeitungsverfahren

Der Vergleich der russischen Gasverarbeitungsindustrie mit der Gasverarbeitungsindustrie anderer gasfördernden Staaten und Unternehmen, die mit Russland auf dem Weltmarkt konkurrieren, zeigt, dass die russische Gasverarbeitungsindustrie rückständig ist.

Die offene AG Gasprom verarbeitet lediglich ca. 10% der geförderten Gasmenge und beschränkt sich auf die Produkte des ersten Zyklus, d.h. geringfügige Verarbeitung mit einem niedrigen Mehrwert der Produkte (Gasschwefel, Treibstoff, leichte kohlenhydrathaltige Brennstoffe).

Zur Unterstützung und Entwicklung der Gasverarbeitung durch Gasprom werden jährlich lediglich 1,4-1,5% des Gesamtkapitals der Gesellschaft investiert, was offensichtlich unzureichend ist.

Das Aufholen dieses Rückstands erfordert staatliche Investitionen, und zwar sowohl direkte Investitionen als auch indirekte Investitionen durch Befreiung der neuen Verarbeitungsunternehmen bis zum Erreichen der Rentabilität von der Gewinnsteuer. Ein wesentlicher Beitrag des Staates wäre die Aufhebung der Einfuhrzölle für den Import der Ausrüstung, die für die Verarbeitung des Erdgases zu den Produkten aller Zyklen erforderlich ist.

Derzeit ist der Anteil des in der russischen chemischen Industrie verwendeten Erdgases sehr gering (beträgt nicht mehr als 7-8%); die Produktpalette ist auf Methanol, das synthetische Gas und einige andere Produkte beschränkt.

Bei der Gasförderung ist die Erhöhung des Anteils des Gases, das neben Methan andere kohlenhydrathaltige Stoffe wie Äthan, Propan, Butan enthält, zu verzeichnen. Die Menge solchen Gases beträgt mindestens ein Drittel der aufgesuchten Mengen. Die Verarbeitung eines solchen Gases und die Verwendung der kohlenhydrathaltigen Stoffe könnten gute Voraussetzungen für die Entwicklung der chemischen Industrie schaffen.

Die Erfahrungen der Gaswirtschaft der Vereinigten Staaten, die ungefähr gleiche Gasmengen fördern, zeigt, dass die Verwendung der leichten kohlenhydrathaltigen Stoffe (Äthan, Propan, Butan) in der chemischen Industrie die technologische Entwicklung fördert und die Kosten senkt. Die meisten großen Erdöl- und Gasunternehmen in den Vereinigten Staaten und in Kanada haben die folgende vertikal integrierte Produktionskette gebildet: Förderung von Gas, Gewinnung von Äthan, Propan und Butan aus dem geförderten Gas, Herstellung von Produkten der Erdölchemie und der synthetischen Polymere. Alle größten ausländischen Erdöl- und Gaskonzerne haben eine Chemiesparte.

Die wirtschaftlichen Vorteile der Chemieproduktion auf der Grundlage des ethanhaltigen Erdgases sind durch die Sicherheit der Rohstofflieferungen, die großen Kapazitäten des Binnen- und Weltmarktes für die Produkte und die Wettbewerbsfähigkeit der Produkte bedingt.

Die Umsetzung solcher Projekte ist aus folgenden Gründen geboten:

- die Notwendigkeit der Verwendung von wertvollen kohlenhydrathaltigen Stoffen aus den Lagerstätten Valanscha und Atschim des Gebiets Tjumen;
- Auslastung der Erdölverarbeitungsanlagen, die zu Gasprom gehören, und die Zusammenarbeit mit Erdölgesellschaften;
- die Möglichkeit, den Produktionsumfang der Kunststoffe und anderer Chemieprodukte zu erhöhen.

Unser Rückstand sowohl hinsichtlich der Kapazitäten als auch hinsichtlich der Qualität der Verarbeitung ist offensichtlich. In den letzten 15 Jahren wurde lediglich mit der Umsetzung eines größeren Projekts– der Bau des Gas-Chemie-Betriebs Urengoj – begonnen. Der Bau der ersten Anlage zur Herstellung von Polyäthylen (Kapazität bis 300000 t) wurde begonnen, aber nicht abgeschlossen. Die Umsetzung anderer potentiell effektiver Projekte (Bau eines Betriebes zur Herstellung von Methanol bei Archangelsk, autonomer Transport und Verarbeitung des ethanhaltigen Gases im Bezirk Nord-West) hat faktisch nicht begonnen.

II. Herstellung des Flüssiggases aus dem Erdgas

Auch in diesem Fall sind kurzfristige hohe Investitionen erforderlich. Weltexporte des Flüssiggases sind 2003 auf 632,7 Mrd. m^3 gestiegen, was 23,8% von der Förderung des Erdgases entspricht. Zum 2010 wird der Umfang des Handels mit dem Flüssiggas von 180-240 Mrd. m^3 prognostiziert.
Die Vorteile des Handels mit Flüssiggas im Vergleich zum Erdgas sind die folgenden:

- keine Verbindung zwischen dem Verbraucher und dem Hersteller durch Fernleitungen notwendig;
- die Möglichkeit des schnelleren Zugriffs auf die Lieferungen bei der Änderung der wirtschaftlichen Situation im Vergleich zum Transport durch Rohrleitungen;
- keine Beschränkungen hinsichtlich der Entfernung des Verbrauchers;
- Vorhandensein der Tankerflotte, die sich über eine längere Zeit auf der See autonom fortbewegen kann;
- deutlich niedrigerer Metallbedarf als bei Rohrleitungen.

Aus der Analyse der Praxis der Flüssiggasherstellung in verschiedenen Staaten ergibt sich, dass sich die Flüssiggasproduktion in der Regel in den gasreichen Gebieten konzentriert ist, die von den Verbrauchern weit entfernt sind.
Die Flüssiggasproduktion für den Export ist grundsätzlich in der Nähe der Seehäfen konzentriert, da der Export von Flüssiggas im wesentlichen auf dem Seeweg abgewickelt wird.
Der Flüssiggashandel stellt ein System aus der Produktion und dem Transport dar, das Staaten, in denen Flüssiggas produziert und über deren Seehäfen es transportiert wird, und Staaten, die das Flüssiggas verbrauchen, verbindet. Dadurch dass an dem Export von Flüssiggas auch die Seetransportbranche und andere Branchen beteiligt sind, ist dieses Segment ein Zuwachsfaktor für große Teile der Wirtschaft.
Der Rückstand in der Entwicklung dieser kapitalintensiven Branche wird zur Kumulation der negativen Folgen und zum Verlust der wichtigen Märkte und später zur Beschränkung der Wettbewerbsfähigkeit führen.

Derzeit existieren zwei Zonen des Welthandels mit dem Flüssiggas: Pazifikzone, in der die wichtigsten Importländer die Länder der Asien-Pazifik-Region (Japan, Südkorea, Taiwan) sind. Diese Zone wird bald durch den wachsenden Bedarf in China und Indien wachsen. Die größten Flüssiggaslieferungen kommen aus dem Persischen Golf (Abu Dhabi, Oman, Katar) und aus der Asien-Pazifik-Region (Indonesien, Brunei, Malaysia, Australien). Zur Atlantik-Zone gehören die Märkte von Westeuropa und Nord- und Südamerika. Flüssiggas wird überwiegend von afrikanischen Staaten (Algerien, Lybien, Nigeria) und Trinidad und Tobago verkauft. Die Märkte in dieser Zone haben ein besonders großes Entwicklungspotential. Die hohe Nachfrage nach Flüssiggas in Westeuropa hängt mit der beschränkten Kapazität der Exportgasleitungen zusammen. Auch auf dem amerikanischen Markt ist die Nachfrage nach dem Flüssiggas stabil und hoch.

III. Effektive Nutzung des Niedrigdruckgases

Die effektive Nutzung der Gas- und Gaskondensatvorräte der Vorkommen in Westsibirien ist nur durch Lösung der für die gesamte russische Gaswirtschaft charakteristischen Probleme möglich. Unter anderem handelt es sich um das Problem des Niedrigdruckgases.

Bei der Gasförderung entsteht das Problem des Niedrigdruckgases, wenn die Gasvorräte bereits gering sind und durch das Absinken des Schichtdrucks und die Erhöhung der hydraulischen Verluste in der gasführenden Schicht die jährlichen Fördermengen sinken, es sei denn, die Anzahl der Bohrungen wird erhöht und/oder Geräte mit höherer Leistung werden eingesetzt.

Das Problem des Niedrigdruckgases ist sowohl ein wirtschaftliches als auch ein soziales Problem. Wenn dieses Problem gelöst wird, wird es möglich sein:

- den Betrieb von einzigartigen und großen Vorkommen mit ausgebauter Infrastruktur und Gastransportanlagen zu verlängern;
- den Mitarbeitern der Gasförderungsbetriebe und begleitender Betriebe soziale Garantien zu bieten;
- die Erhaltung und Entwicklung der Betriebe und Einrichtungen außerhalb der Gasförderung in den um die Förderstellen gebauten Städten im Hohen Norden zu ermöglichen, was eine wichtige Voraussetzung für die Umsetzung des Jamal-Programms darstellt.

Auch die folgenden Gründe sprechen für die Notwendigkeit der Beteiligung des Staates an der Strukturreform des Gasprom.

Der Staat hält derzeit 51% der Gasprom-Aktien, ist also der Hauptaktionär. Die Investitionen des Staates und daraus folgende Kapitalerhöhungen werden seinen Anteil an den Aktiva erhöhen, was in Anbetracht der Entscheidung der föderalen Regierung über die Aufhebung der Beschränkungen auf den Verkauf der Gasprom-Aktien auf der Börse und der Unterstützung ausländischer Investoren besonders wichtig erscheint.

Der Staat könnte sich direkt durch Investitionen in Anteile an der Umsetzung der Projekte beteiligen, die die Strukturreform hinsichtlich der Gasverarbeitung mit den oben genannten Schwerpunkten unterstützen.

Die Hauptfinanzierungsquelle für diese Investitionen soll der Investitionsfonds sein, der derzeit aus den Mitteln des Stabilisierungsfonds gebildet wird.

Weitere mögliche Formen der staatlichen Unterstützung könnten die folgenden Maßnahmen sein:

Garantien der föderalen Regierung zur Verringerung der Risiken für russische und ausländische Investoren, wodurch Anreize geschaffen werden;

Ermäßigungen, unter anderem die Reduzierung von Steuersätzen und die zeitweilige Steuerbefreiung für neue Gasverarbeitungsbetriebe.

Alle diese Vorschläge widersprechen nicht der geltenden Gesetzgebung:

- Föderalgesetz Nr. 39-FZ „Über die Investitionstätigkeit in der Russischen Föderation, die durch Kapitalinvestitionen ausgeübt wird" vom 25. Februar 1999 mit Änderungen und Ergänzungen vom 2. Januar 2000 und 22. August 2004;
- Föderalgesetz Nr. 160-FZ „Über die ausländischen Investitionen in der Russischen Föderation" vom 9. Juli 1999 mit Änderungen und Ergänzungen vom 21. März, 25. Juli 2002 und 8. Dezember 2003;
- sowie einige Regierungsverordnungen

Somit kann die Notwendigkeit eines staatlichen Spezialprogramms über die Strukturreform in der Gaswirtschaft begründet werden.

Der Beitrag des Staates in die Nutzung von Erdgas hat eine strategische Bedeutung, da sich die Gaswirtschaft dadurch von einem überwiegend fördernden Industriezweig zu einem Förderungs- und Verarbeitungsindustriezweig entwickelt.

2005 betrugen die Einnahmen vom Gasverkauf 180,4 Mrd. Rubel, während die Einnahmen von der Gasverarbeitung lediglich 8,5 Mrd. Rubel betrugen. Das Verhältnis ist somit 21 zu 1. Nach den Prognosen der führenden Experten ist es möglich, das Verhältnis grundlegend zu verändern (zum 2015 – auf 2 zu 1).

Dies ist von besonderer Wichtigkeit für die Gewährleistung einer sicheren Entwicklung der Gesamtwirtschaft, da hohe und übermäßig hohe Gaspreise auf dem Weltmarkt nicht für immer erhalten bleiben und die negativen Auswirkungen des Preisverfalls in Krisen- und Rezessionszeiten durch die Erfolge der Strukturreform abgefedert werden können.

Das Energierecht der Ukraine im Vergleich mit dem Energierecht der Russischen Föderation

Ju. S. Schemschutschenko

Bekanntlich ist die Energiewirtschaft ein wesentlicher Faktor bei der Entwicklung des wissenschaftlichen und technologischen Fortschritts und ein grundlegender Industriezweig von großer Wichtigkeit für die Gesamtwirtschaft in fast allen Staaten der Welt. Allerdings verfügt nicht jeder Staat über die ausreichenden Mengen an Energieressourcen wie Erdöl, Gas, Kohle, Elektrizität und anderen. Daraus ergibt sich die Notwendigkeit der zwischenstaatlichen Zusammenarbeit auf dem Gebiet der Energiewirtschaft auf der Grundlage des internationalen Energierechts.

Das Energierecht ist ein neues Rechtsgebiet sowohl auf nationaler als auch auf internationaler Ebene. Das nationale Energierecht entwickelt sich unter Berücksichtigung der Besonderheiten der nationalen Energiewirtschaft. Auf nationaler Ebene wurden bereits wertvolle Erfahrungen gesammelt. Dies betrifft unter anderem Russland und die Ukraine. Die Rechtsvergleichung in diesem Zusammenhang ist nicht nur für russische und ukrainische Rechtswissenschaftler, sondern auch für ausländische Rechtswissenschaftler von Interesse.

Russland verfügt über sehr große Vorräte an Energieressourcen, die ca. ein Drittel der gesamten Vorräte an Energieressourcen darstellen, während die russische Bevölkerung nur 3% der Weltbevölkerung entspricht. In Russland befinden sich 35% der aufgesuchten Gasvorräte, 13% der Erdölvorräte und 12% der Kohlevorräte. Der Wert der russischen Energieressourcen wurde von Fachleuten auf fast 270 Trillion US $ geschätzt.[1]

Russland ist das größte Exportland der Welt hinsichtlich der Energieressourcen. Dabei werden die Energieressourcen im Inland wegen der Rückständigkeit der Wirtschaft nicht rational verwendet. Auf einen Punkt des BIP entfallen um das 5-6fache mehr Energieressourcen als in Westeuropa und um das 12-16fache mehr als in den Vereinigten Staaten und in Japan. Nach den aktuellen Schätzungen werden ca. 40% der Energie nicht rational oder gar zwecklos verwendet.[2]

Die Ukraine verfügt über wesentlich geringere Vorräte an Energieressourcen als Russland. Insbesondere betrifft dies Erdöl und Gas. Daher hängt die ukrainische Energiewirtschaft wesentlich von russischen Importen ab: beim Erdöl zu 70%, beim Gas zu 71% und bei radioaktiven Stoffen für Kernkraftwerke zu 100%. Dabei entfallen auf einen Punkt des BIP in der Ukraine um das 3-5fache mehr Energieressourcen als in Westeuropa.

---

[1]   Vgl. N. N. Moisejew, D. S. Lywow, L. A. Petrow, W. M. Piterskij, Die Festigung des russischen Staatswesens: Wirtschaft, Ressourcen, Geopolitik, Moskau 2000, S. 74-75.

[2]   Vgl. P. Kurdjumow, Energiepolitik in Russland im 21. Jahrhundert, in: Finanzkontrolle 2005, Nr. 7, S. 33-38.

Die Ukraine und Russland haben sowohl gemeinsame als auch spezifische Probleme im Energiesektor. Vor dem Hintergrund dieser Probleme wird die Energiepolitik in beiden Ländern umgesetzt. Die russische Regierung hat in 2003 „Die Energiestrategie Russlands für den Zeitraum bis 2020" erlassen. In 2006 wurde „Die Energiestrategie der Ukraine für den Zeitraum bis 2030 und für die weitere Perspektive" beschlossen. Die Prioritäten der ukrainischen Strategie sind die Sicherheit der Energieversorgung, die Erhöhung der Effizienz der Energienutzung, Modernisierung und Restrukturierung der Infrastruktur der Energiewirtschaft, Einsatz von umweltfreundlichen Energieressourcen und Technologien, Reform der Energiewirtschaft nach marktwirtschaftlichen Grundsätzen, Diversifizierung der Energiequellen, Verbesserung der nationalen Energiesicherheit und Entwicklung der internationalen Zusammenarbeit im Zusammenhang mit der Energiewirtschaft.

Es ist bemerkenswert, dass die russische und die ukrainische Strategie die Entwicklung von stabilen und in sich schlüssigen Rechtsgrundlagen, in denen die Besonderheiten der Unternehmen der Energiewirtschaft berücksichtigt werden, als das wichtigste Instrument der Umsetzung bestimmen.

Sowohl in der Russischen Föderation als auch in der Ukraine haben sich die Rechtsgrundlagen der Energiewirtschaft nicht vom Allgemeinen zum Besonderen, sondern vom Besonderen zum Allgemeinen entwickelt. In beiden Staaten existiert derzeit kein grundlegendes Gesetz oder Gesetzbuch über die Energiewirtschaft. Es wurden jedoch zahlreiche Gesetze und andere normative Rechtsakte über einzelne Segmente des Energiesektors verabschiedet. In Russland sind es zum Beispiel die Föderalgesetze „Über die Elektrizitätswirtschaft", „Über die Gasversorgung", „Über die staatliche Regulierung des Schutzes der Mitarbeiter der Kohlebergwerke" und andere. Es wurde auch das Gesetz „Über das Erdöl und Gas" verabschiedet, es wurde jedoch nicht vom Präsidenten unterzeichnet.

In der Ukraine gelten die Gesetze „Über die Elektrizitätswirtschaft", „Über das Erdöl und Gas", „Über die Nutzung der Kernkraft und deren Sicherheit", Bergbaugesetz und andere.

Die Ukraine hat Russland auch hinsichtlich der Regelung der Energieeinsparung überholt. Das ukrainische Gesetz „Über die Energieeinsparung" gilt seit 1994 (das russische seit 1996). Es betrifft grundsätzlich alle Energieressourcen, die derzeit in der Ukraine verwendet werden, und sieht Maßnahmen zur Nutzung der erneuerbaren Energien vor. Allerdings wurde im Gesetz ein effektiver institutioneller Mechanismus der Umsetzung nicht festgelegt, weswegen es bisher praktisch wirkungslos bleibt.

Dieses Problem wurde vom ukrainischen Präsidenten erkannt. Im Dezember 2005 ist sein Erlass „Über die Bildung der Nationalen Agentur für Energieeinsparung" ergangen. Diese Agentur sollte die Umsetzung des Gesetzes „Über die Energieeinsparung" kontrollieren. Allerdings besteht ein Kompetenzkonflikt zwischen der Agentur und dem Ministerium für Brennstoff- und Energiewirtschaft, das ähnliche Kontrollbefugnisse hat.

Die Energieeinsparung ist ein wichtiges Problem, es ist jedoch nicht das einzige. Ein weiteres Problem stellt die Gewährleistung der Energie- und Umweltsicherheit dar. Die Schwerpunkte des Energiesicherheitskonzeptes in der Ukraine sind derzeit die folgenden: a) sichere und effektive Energieversorgung der Unternehmen und Haushalte sowie die Unterstützung einer stabilen wirtschaftlichen und sozialen Entwicklung der Ukraine; b) Verringerung der Energieabhängigkeit der Ukraine; c) staatliche Absicherung der Arbeitnehmer des Brennstoff- und Energiesektors zur Vermeidung sozialer Konflikte; d) Sozialverträglichkeit der Energiepolitik bei der Versorgung der Haushalte; e) Verringerung der schädlichen Einwirkung der Energieunternehmen auf die Umwelt und die Bevölkerung am Ort, an dem die Anlage betrieben wird.

Der letztere Schwerpunkt betrifft den Umweltschutz. Sowohl in Russland als auch in der Ukraine stellt die Energiewirtschaft einen der umweltschädlichsten Industriezweige dar. Insbesondere bei der Wärmeerzeugung entsteht ein wesentlicher Umweltschaden. In der Ukraine entfällt auf dieses Segment 29% aller schädlichen Immissionen und mehr als 70% Immissionen in der Energiewirtschaft. Schädliche Immissionen auf eine Einheit der erzeugten Energie sind im Vergleich zu 1990 um 1,5fache gestiegen.

Leider existiert weder in der Ukraine noch in Russland ein Spezialgesetz über den Umweltschutz beim Betrieb der Energieanlagen. In der Ukraine und in Russland finden in diesen Fällen lediglich die allgemeinen Vorschriften des entsprechenden Umweltschutzgesetzes Anwendung. Das ukrainische Gesetz schützt das Grundrecht „auf eine gefahrlose Umwelt", und das russische Gesetz schützt das Grundrecht „auf eine günstige Umwelt".

Somit hat das russische und ukrainische Energierecht ähnliche Mängel: es ist unvollständig, wirkungslos und widersprüchlich. Die Aufhebung dieser Mängel ist durch Systematisierung der Rechtsquellen möglich. Es handelt sich dabei in erster Linie um die Notwendigkeit der Verabschiedung eines für dieses Teilgebiet grundlegenden Gesetzes, des Energiewirtschaftsgesetzes oder des Energiewirtschaftsgesetzbuches. Diesen Weg haben bereits einige europäische Länder gewählt. Zum Beispiel in Deutschland wurde das Energiewirtschaftsgesetz verabschiedet. Das Ziel dieses Gesetzes ist die Schaffung eines wettbewerbsorientierten, sicheren und umweltfreundlichen Energiemarktes.

Die Idee des Entwurfs des Energiegesetzbuches der Russischen Föderation wurde von unseren russischen Kollegen diskutiert. Dies wurde auf der internationalen wirtschaftlichen Konferenz „Energiewirtschaft und Recht" erörtert, die in Moskau im November 1994 stattgefunden hat.[3] Das Projekt hat sich jedoch nicht weiterentwickelt.

---

[3] Vgl. L. S. Chriljow, B. A. Davydow, R. W. Orlow, Die Aktualität der Schaffung eines Systems von Rechtsgrundlagen des Energierechts in Russland, in: Energiepolitik 1999, Nr. 4-5, S. 71-80; A. N. Bykow, G. G. Schalmanow, N. I. Toltschenkoj, Rechtsgrundlagen der russischen Energiestrategie, in: Energiepolitik 1995, Nr. 1, S. 5-12.

Die Verabschiedung des Energiegesetzbuches der Ukraine ist in der Energiestrategie der Ukraine vorgesehen. Allerdings ist geplant, dies erst in der zweiten Phase der Entwicklung des Energierechts, d.h. nach 2030, umzusetzen. Diese Verzögerung erscheint als nicht begründet.

Bei der Analyse der ukrainisch-russischen Beziehungen im Bereich der Energiewirtschaft muss die gesamteuropäische Energiepolitik berücksichtigt werden. Die Ukraine hat die Europäische Energiecharta ratifiziert, Russland hat dies bisher nicht getan. Russland ist jedoch ein wichtiger Partner der Europäischen Union im Energiesektor, da es den ersten Platz im Erdgasexport nach Europa (ca. 40%) und den zweiten Platz im Rohölexport (16%) belegt. Die Ukraine ist das wichtigste Durchleitungsland für den Export des russischen Gases und Erdöls nach Europa.

Obwohl die Bedingungen der Entwicklung der Energiewirtschaft unterschiedlich sind, sind sowohl Russland als auch die Ukraine an der optimalen Lösung der Probleme der Energiewirtschaft interessiert. Daran sind auch alle anderen europäischen Staaten interessiert. In diesem Zusammenhang sollte der kürzlich unterbreitete Vorschlag über die Zweckmäßigkeit des Europäischen Vertrages über die wirtschaftliche Sicherheit unterstützt werden, der die internationale Zusammenarbeit auf dem europäischen Kontinent in einem der wichtigsten Wirtschaftsbereiche fördern würde.

Abschließend möchte ich die russischen und ukrainischen Erfahrungen hinsichtlich der wissenschaftlichen Forschung auf dem Gebiet des Energierechts vorstellen. Das Interesse an solchen Forschungsarbeiten hat sich erst kürzlich entwickelt. Die ersten Monografien auf diesem Gebiet sind in Russland Ende des 20.-Anfang des 21. Jahrhunderts erschienen.[4]

Derzeit werden die Probleme des Energierechts an der juristischen Fakultät der Moskauer Staatlichen Lomonossow-Universität, der Russischen Staatlichen Gubkin-Universität für Erdöl und Gas, am Institut für Staat und Recht der Russischen Akademie der Wissenschaften, an der Moskauer Staatlichen Rechtsakademie, am Internationalen Institut der Energiepolitik und Diplomatie der Moskauer Staatlichen Universität für internationale Beziehungen des Außenministeriums der Russischen Föderation und an anderen Forschungsinstituten und Hochschulen untersucht.

In der Ukraine ist das Korezkij-Institut für Staat und Recht der Nationalen Akademie der Wissenschaften die führende Forschungsinstitution auf diesem Gebiet. Am Institut wurde vor einigen Jahren das Zentrum für Energierecht unter der Leitung des Mitglieds der Nationalen Akademie der Wissenschaften W. I. Semt-

---

[4]   Vgl. M. I. Kleandrowa, Rechtsgrundlagen der Erdöl- und Gaswirtschaft in der russischen Rechtsordnung, Nowosibirsk 1999; R. N. Salijewa, Rechtsgrundlagen für die Entwicklung der wirtschaftlichen Tätigkeit in der Erdöl- und Gaswirtschaft, Nowosibirsk 2001; R. A. Kurbanow, Rechtsgrundlagen für die ausländischen Investitionen in die Erdöl- und Gaswirtschaft, Moskau 2005; Ju. Ju. Sacharow, Rechtliche Aspekte der Reform der Elektrizitätswirtschaft, Moskau 2001 u. a.

schik gegründet. Das Zentrum hat bereits mit Erfolg mehrere Projekte zur Angleichung des ukrainischen Energierechts an das EU-Recht im Auftrag der Europäischen Kommission, des ukrainischen Justizministeriums und des ukrainischen Ministeriums für Erdöl und Gas durchgeführt und einige wissenschaftliche Konferenzen organisiert. Es sind mehrere wissenschaftliche Veröffentlichungen zum Energierecht erschienen.

Trotz der zu verzeichnenden Erfolge, muss festgestellt werden, dass das Niveau der Energierechtsforschung weder in Russland noch in der Ukraine für die Lösung der komplexen praktischen Probleme ausreichend ist. Es ist offensichtlich, dass die Rechtswissenschaftler enger zusammenarbeiten müssen, um aufgrund des Erfahrungsaustausches die rechtlichen Möglichkeiten für die Lösung der Probleme der Energiewirtschaft umfassend zu erforschen und zu begründen.

Die Abgrenzung der Zuständigkeiten zwischen der Russischen Föderation und den Föderationssubjekten (Ländern) im Bereich der Energieversorgung

a) Grundlagen und Methoden der Abgrenzung der Zuständigkeiten zwischen der Russischen Föderation und den Föderationssubjekten auf dem Gebiet der Energieversorgung

Nikolaj I. Michajlow

Aus der Analyse der Zuständigkeiten der Russischen Föderation und der Föderationssubjekte auf dem Gebiet der Energieversorgung in den normativen Rechtsakten über die Elektrizitätswirtschaft unter Berücksichtigung des Art. 71 der Verfassung der Russischen Föderation ergibt sich, dass die Zuständigkeiten in Bezug auf die Elektrizitätswirtschaft grundsätzlich abschließend geregelt sind. Die wichtigsten Rechtsquellen in diesem Zusammenhang sind das Föderalgesetz Nr. 35-FZ „Über die Elektrizitätswirtschaft" vom 26. März 2003,[1] das Föderalgesetz Nr. 41-FZ „Über die staatliche Regulierung der Tarife für Elektrizität und Wärme in der Russischen Föderation" vom 14. April 1995[2] und andere.

Aus der systematischen Auslegung der Vorschriften, die die Rechtsbeziehungen bei der Energieversorgung von Verbrauchern regeln, kann gefolgert werden, dass die Rechtsetzung auf diesem Gebiet zur Zuständigkeit der föderalen Legislative und Exekutive gehört. Die Staatsorgane der Föderationssubjekte und die Organe der örtlichen Selbstverwaltung sind nur in den in Art. 4 des Elektrizitätswirtschaftsgesetzes genannten Fällen befugt, normative Rechtsakte auf diesem Gebiet zu erlassen. Eine wichtige Rolle bei der Abgrenzung der Zuständigkeiten zwischen den Gesetzgebungsorganen und den Exekutivorganen der Föderation und der Föderationssubjekte hat in der Anfangsphase die föderale Regierungsverordnung Nr. 528 über die Grundlagen der Elektrizitätswirtschaftsreform vom 11. Juli 2001[3] gespielt.

Um die Besonderheiten der Zuständigkeitsabgrenzung auf dem Gebiet der Elektrizitätsversorgung festzustellen, müssen die in Art. 20 des Elektrizitätswirtschaftsgesetzes bestimmten Grundsätze und Methoden der staatlichen Regulierung und Kontrolle berücksichtigt werden.

Gemäß diesem Artikel sind die folgenden Grundsätze der Regulierung und Kontrolle in der Elektrizitätswirtschaft zu unterscheiden:

- Sicherstellung der einheitlichen technischen Steuerung des Einheitlichen Energiesystems Russlands, Gewährleistung des sicheren und gefahrlosen

---

[1] SZ RF 2003, Nr. 13, Pos. 1177; im folgenden – Elektrizitätswirtschaftsgesetz.

[2] SZ RF 1995, Nr. 16, Pos. 1316; im folgenden – Gesetz über die Elektrizitätstarife.

[3] SZ RF 2001, Nr. 29, Pos. 3032.

Betriebs des Einheitlichen Energiesystems Russlands und der lokalen
Elektrizitätssysteme außerhalb des Einheitlichen Energiesystems;

- effektive Verwaltung des Staatsvermögens in der Elektrizitätswirtschaft;
- Ausgleich der wirtschaftlichen Interessen von Elektrizitätslieferanten und
  –verbrauchern;
- Gewährleistung der Zugänglichkeit der Elektrizität für alle Verbraucher
  und Schutz deren Rechte;
- Schaffung von Voraussetzungen für die Hinzuziehung von Investitionen
  zum Zwecke der Entwicklung und des sicheren Betriebs des russischen
  Elektrizitätssystems;
- Entwicklung des Wettbewerbs auf dem Elektrizitätsmarkt und Beschränkung der Monopolstellung einzelner Unternehmen;
- Erhaltung der staatlichen Regulierung in den Segmenten, in denen Voraussetzungen für den Wettbewerb nicht existieren oder beschränkt sind;
- Sicherstellung des Zugangs der Elektrizitätsverbraucher zur Information
  über die Regeln des Marktes für Großabnehmer und des Marktes für Endverbraucher sowie über die Tätigkeit der Elektrizitätsunternehmen.

Aus dem Zusammenhang der genannten Grundsätze mit den Ergebnissen der
Analyse der Rechtsanwendung in Bezug auf Elektrizitätserzeugungs- und
–netzgesellschaften ergibt sich die Wichtigkeit der ausführlichen Zuständigkeitsabgrenzungskriterien. Während der Vorbereitung des Elektrizitätswirtschaftsgesetzes waren die Föderationssubjekte durch ihre Gesetzgebungs- und
Exekutivorgane bestrebt, ihre Zuständigkeit genauer abzugrenzen. Besonders
viele Anstrengungen haben die Föderationssubjekte unternommen, in deren Gebiet sich nicht nur Kraftwerke, sondern auch Großabnehmer befinden. Als Beispiele können hier Gebiet Irkutsk, Gebiet Kransojarsk, mehrere Gebiete der
Wolga-Region sowie von Moskau und St Petersburg angeführt werden.
So wurde auf Wunsch der Föderationssubjekte in Art. 4 Ziff. 2 des Elektrizitätswirtschaftsgesetzes festgelegt, dass die Föderationssubjekte befugt sind, in
bestimmten Fällen normative Rechtsakte zur Regulierung der Rechtsbeziehungen in der Elektrizitätswirtschaft zu erlassen. In erster Linie handelt es sich
gemäß Art. 11 des Elektrizitätswirtschaftsgesetzes um die Bestimmung der
Maßnahmen für die lokalen Elektrizitätssysteme außerhalb des Einheitlichen
Energiesystems.
Dies wurde auch bei der Festlegung der Methoden der staatlichen Regulierung
und Kontrolle in der Elektrizitätswirtschaft berücksichtigt, die in Art. 20 Ziff. 2
des Elektrizitätswirtschaftsgesetzes bestimmt sind. Hier werden die für das
Thema des Aufsatzes relevanten Methoden genannt:

- staatliche Regulierung von Preisen (Tarifen) für einzelne Waren (Dienstleistungen), deren Katalog durch Föderalgesetze bestimmt wird;

- staatliche Antimonopolregulierung und Kontrolle, unter anderem die Einführung der einheitlichen Regeln über den Zugang zu Elektrizitätsnetzen und die Durchleitung auf dem ganzen Gebiet der Russischen Föderation;
- Verwaltung des Staatseigentums in der Elektrizitätswirtschaft;
- Lizenzvergabe für einzelne Tätigkeitsarten in der Elektrizitätswirtschaft, die durch die föderale Gesetzgebung bestimmt werden;
- technische Regulierung in der Elektrizitätswirtschaft;
- staatliche Kontrolle (Aufsicht) über die Einhaltung der Vorschriften des Elektrizitätswirtschaftsgesetzes und anderer normativer Rechtsakte, einschließlich der technischen Normen betreffend den sicheren Betrieb der Kraftwerke, durch Elektrizitätsunternehmen.

Unter Berücksichtigung der oben genannten Grundsätze und Methoden der staatlichen Regulierung in der Elektrizitätswirtschaft werden die Zuständigkeiten zwischen der Föderation und den Föderationssubjekten verteilt. Gemäß Art. 21 Ziff. 4 des Elektrizitätswirtschaftsgesetzes können durch das Elektrizitätswirtschaftsgesetz, andere Föderalgesetze, Erlasse des Präsidenten der Russischen Föderation und die föderalen Regierungsverordnungen den Föderationssubjekten Befugnisse im Zusammenhang mit staatlicher Regulierung und Kontrolle in der Elektrizitätswirtschaft übertragen werden, die ursprünglich zur Zuständigkeit der föderalen Regierung und anderer föderaler Exekutivorgane gehörten. Die wichtigsten Zuständigkeiten der Föderationssubjekte sind die folgenden:

- Kontrolle über die Tätigkeit der Garantielieferanten zur Gewährleistung einer sicheren Energieversorgung der Bevölkerung;
- Festsetzung der Preiszuschläge für den Vertrieb durch Garantielieferanten;
- Festsetzung von Preisen (Tarifen) für die Durchleitung der Elektrizität durch lokale Verteilungsnetze im Rahmen der durch das zuständige föderale Exekutivorgan festgesetzten Mindest- und/oder Höchstsätze der Durchleitungsentgelte;
- Zustimmung bei der Nutzung der Wasserressourcen der Wasserkraftwerke auf dem Gebiet des Föderationssubjekts;
- Zustimmung bei dem Bau der Elektrizitätswirtschaftseinrichtungen auf dem Gebiet des Föderationssubjekts;
- Zustimmung bei der Einordnung von Elektrizitätsunternehmen als Garantielieferanten;
- Kontrolle über die Anwendung der durch die Regulierungsorgane der Föderationssubjekte festzusetzenden Preise (Tarife) für Elektrizität und Wärme.

Wenn das Exekutivorgan eines Föderationssubjekts eine Entscheidung trifft, durch die es die in den Grundlagen der Preisbildung im Bereich der zu regulierenden Preise (Tarife) in der Elektrizitätswirtschaft und in den Regeln der staatlichen Regulierung (Änderung, Anwendung) der Preise (Tarife) in der Elektrizitätswirtschaft bestimmten Befugnisse überschreitet, ist diese Entscheidung in einem durch die föderale Regierung bestimmten Verfahren aufzuheben. In den letzten zwei Jahren haben die Exekutivorgane der Republiken, Gebiete und Großstädte häufiger von der Befugnis aus Art. 21 des Elektrizitätswirtschaftsgesetzes Gebrauch gemacht, die Tätigkeit der Garantielieferanten zum Zwecke der Gewährleistung der sicheren Elektrizitätsversorgung der Bevölkerung zu kontrollieren. Dies kann auf die sich häufenden Elektrizitätsausfälle, die ganze Bezirke umfasst haben, in solchen Großstädten wie Moskau, St Petersburg, Jekaterinburg und in mehreren Gebieten zurückgeführt werden. Aus der Analyse der Rechtsanwendungspraxis ergibt sich, dass die Exekutivorgane der Föderationssubjekte nun eine folgerichtige Politik sowohl in Bezug auf die Kontrolle auf diesem Gebiet als auch in Bezug auf die Beteiligung an der Vorbereitung der Pläne für die Übereinstimmung zwischen der Erzeugung und den Lieferungen der Elektrizität für das gesamte Gebiet des Einheitlichen Energiesystems durchführen.

Aufgrund dieser Tendenzen ist zu erwarten, dass die Föderationssubjekte in den nächsten Jahren nicht nur die geltenden normativen Rechtsakte im Zusammenhang mit der Elektrizitätswirtschaft verbessern, sondern auch neue erlassen werden, was bereits zum gegenwärtigen Zeitpunkt in Moskau, Tatarstan und im Fernen Osten zu beobachten ist.

Ein wichtiger Bereich, für den die Zuständigkeitsabgrenzung eine große Rolle spielt, ist die staatliche Tarifregulierung. Gemäß Art. 23 des Elektrizitätswirtschaftsgesetzes muss die Regulierung von Preisen (Tarifen) in der Elektrizitätswirtschaft den Ausgleich der wirtschaftlichen Interessen von Lieferanten und Verbrauchern, die Zugänglichkeit der Elektrizität und Wärme für alle Verbraucher und zugleich die wirtschaftlich begründete Rentabilität gewährleisten. Dabei wird hervorgehoben, dass die Rentabilität des durch Elektrizitätsunternehmen investierten Kapitals mit der Rentabilität in anderen Industriezweigen, in denen die Unternehmensrisiken gleich hoch sind, vergleichbar sein muss.

Die Kalkulationsgrundlage der Rentabilität wird in einem durch die föderale Regierung bestimmten Verfahren festgestellt. Wenn für einzelne Verbraucher ermäßigte Preise (Tarife) für Elektrizität und Wärme durch die föderale Gesetzgebung festgesetzt werden, ist die Erhöhung der Preise (Tarife) für andere Verbrauchergruppen nicht zulässig.

Gemäß Art. 23 des Elektrizitätswirtschaftsgesetzes sind neben den Preisen der natürlichen Monopole auch die folgenden Preise (Tarife) vom Staat zu regulieren:

- Preise (Tarife) für die Elektrizität, die in den Marktsegmenten ohne Wettbewerb geliefert wird, in den in Art. 27 des Elektrizitätswirtschaftsgesetzes bestimmten Fällen;
- Mindest- und/oder Höchstsätze der Preise für Elektrizität und Preise (Tarife) für die zugängliche Höchstleistung in den durch föderale Gesetze be-

stimmten Fällen und in einem durch die föderale Regierung bestimmten Verfahren;

- Preise (Tarife) für die Dienstleistungen zur Gewährleistung der Systemsicherheit;
- Preise (Tarife) für die Dienstleistungen des Verwalters des Handelssystems des Marktes für Großabnehmer;
- Preise (Tarife) für die Dienstleistungen im Bereich der Steuerung;
- Gebühr für den technischen Anschluss an die Elektrizitätsnetze;
- Preiszuschlag für den Vertrieb durch Garantielieferanten.

Die Regulierung der genannten Preise (Tarife) und der Mindest- und/oder Höchstsätze erfolgt in einem durch die Grundlagen der Preisbildung im Bereich der zu regulierenden Preise (Tarife) in der Elektrizitätswirtschaft und die Regeln der staatlichen Regulierung (Änderung, Anwendung) der Preise (Tarife) in der Elektrizitätswirtschaft bestimmten Verfahren. Änderungen und Ergänzungen zu den Grundlagen und Regeln treten frühestens sechs Monate nach deren Erlass in Kraft.

Die zeitliche Geltung der festgesetzten Preise (Tarife) beträgt mindestens 12 Monate, mit Ausnahme der Preise (Tarife) für die Dienstleistungen zur Gewährleistung der Systemsicherheit. Die Änderung der zu regulierenden Preise (Tarife) kann nicht häufiger als zwei Mal im Jahr vorgenommen werden.

Der oben angeführte Katalog der zu regulierenden Preise (Tarife) ist abschließend. Preise (Tarife) für andere Waren und Dienstleistungen werden grundsätzlich durch die Vertragsparteien bestimmt. Ausnahmen können für folgende Preise (Tarife) gelten:

- Preiszuschläge auf Tarife für die Elektrizität, die von Elektrizitätsversorgungsunternehmen an Verbraucher und von Einrichtungen der Wohnhäuserverwaltung an die Bewohner geliefert wird;
- Preiszuschläge auf Tarife für Waren und Dienstleistungen von Einrichtungen der Wohnhäuserverwaltung, wenn sie selbst im Zusammenhang mit der Elektrizitäts- und/oder Wärmeversorgung Waren herstellen und Dienstleistungen erbringen;
- Tarife von Einrichtungen der Wohnhäuserverwaltung für den Anschluss der Endverbraucher an das Elektrizitätsversorgungssystem, die durch die Organe örtlicher Selbstverwaltung gemäß der Gesetzgebung der Russischen Föderation über die Grundlagen der Tarifregulierung für die Einrichtungen der Wohnhäuserverwaltung festgesetzt werden.

Ferner sind die Föderationssubjekte gemäß Art. 63 des Elektrizitätstarifgesetzes befugt, Tarife für die Durchleitung durch Verteilungsnetze im Rahmen der von den föderalen Organen festgesetzten Mindest- und/oder Höchstsätze festzusetzen.

Wenn Elektrizitätsunternehmen und andere Personen die Vorschriften über die staatliche Preisregulierung verletzen, haben sie den dadurch verursachten Schaden nach den Grundsätzen des Zivilrechts zu ersetzen. Auch verwaltungsrechtliche Haftung kann unter Umständen bestehen. Für die Regelung der Haftung im Zusammenhang mit der Energieversorgung ist, wie P.G. Lachno hervorhebt, „die Herstellung der Balance zwischen den Rechten und Pflichten der Föderationssubjekte für die Elektrizitätsversorgung auf ihren Gebieten durch folgende Maßnahmen wichtig:

- zwingende Einrechnung der Selbstkosten in die Tarife;
- finanzielle Haftung der Föderationsubjekte für die Zahlungsfähigkeit der Gebietskörperschaften und der Einrichtungen der Wohnhäuserverwaltung über den Finanzausgleich;
- Übertragung der Vollmacht des Hauptaktionärs in regionalen Elektrizitätsgesellschaften auf spezielle Organe der Föderationssubjekte."[4]

Abschließend ist hervorzuheben, dass für das hier erörterte Problem die Erfahrungen der EU-Staaten bei der Rechtssetzung und Rechtsanwendung, unter anderem unter Berücksichtigung anderer Energiequellen, von Interesse. Es handelt sich dabei um die Schaffung angemessener Rechtsgrundlagen für die Verwendung von Erdöl, Gas und Kohle zur Energieerzeugung, wobei der Anteil verschiedener Brennstoffe von der Entwicklung der Technologien zur Energieeinsparung abhängt. Ebenfalls wichtig ist die Entwicklung des Wettbewerbs unter den Elektrizitätsunternehmen und den Elektrizitätsunternehmen und anderen Energieunternehmen. Dieses Problem wurde in Art. 3 der EU-Elektrizitätsrichtlinie angesprochen, wonach der Zweck der Regulierung der Energiewirtschaft die Schaffung eines wettbewerbsorientierten, stabilen und umweltfreundlichen Energiemarktes ist.[5]

Wie in anderen Industriestaaten bereits geschehen, entwickelt sich auch in Russland das Energierecht zu einem komplexen Teilgebiet. Zur Verbesserung der Regelungen und der Systematik des russischen Energierechts soll nach der Auffassung mehrerer Fachleute das Energiegesetzbuch der Russischen Föderation als das grundlegende Gesetz auf diesem Gebiet verabschiedet werden.[6] Wenn ein solches Gesetzbuch verabschiedet wird, sollen dort meines Erachtens Grundsätze und Methoden der Regulierung von Beziehungen festgelegt werden, die im Zusammenhang mit dem Aufsuchen, der Gewinnung, dem Transport, der Verarbeitung, der Verteilung und dem Verbrauch der Energieressourcen entstehen.[7]

---

[4] Vgl. P. G. Lachno, Grundsätze des Energierechts, in: E. P. Gubin, P. G. Lachno (Red.), Wirtschaftsrecht in der Marktwirtschaft, Moskau 2004, S. 118-119.

[5] Vgl. dazu ausführlich F. J. Säcker, Freiheit durch Wettbewerb. Wettbewerb durch Regulierung. Reform des Energierechts vor dem Hintergrund der Erfahrungen mit dem Energierecht der Vereinigten Staaten, in: Energierecht 2005, Nr. 2, S. 11 ff., 2006, Nr. 1, S. 16-22.

[6] Vgl. W. Katrenko, Der russische Brennstoff- und Energiesektor braucht Energie hochwertiger Gesetze, in: Planet Energie 2002, Nr. 1.

[7] Ausführlich zur Zweckmäßigkeit dieser Herangehensweise an die rechtliche Regelung der Beziehungen im Brennstoff- und Energiesektor vgl. P. G. Lachno, Energie, Energiewirtschaft und Recht, in: Energierecht 2006, Nr. 1, S. 13-14.

b) Die Abgrenzung der Zuständigkeiten zwischen der Russischen Föderation und den Föderationssubjekten in der Gaswirtschaft und bei Energieeinsparungsmaßnahmen

Swetlana A. Trozenko

Die Abgrenzung der Zuständigkeiten zwischen der Russischen Föderation und den Föderationssubjekten wird durch die Verfassung der Russischen Föderation, die Föderalgesetze und andere normative Rechtsakte der Russischen Föderation bestimmt. Gemäß Art. 71 lit. I der Verfassung gehören die föderalen Energiesysteme zur ausschließlichen Zuständigkeit der Russischen Föderation, da sie von besonderer Wichtigkeit für den Staat sind, zentral verwaltet und finanziert werden und zum Bereich des staatlichen Monopols gehören. Eine solche einheitliche Regelung wäre den einzelnen Föderationssubjekten nicht möglich. Die föderalen Energiesysteme bilden einen einheitlichen Industriezweig auf dem gesamten Gebiet der Russischen Föderation und schließen Wasser-, Wärme- und Kernkraftwerke ein, wenn die Anlagen bzw. die Aktien im Eigentum der Föderation stehen.

Gemäß Art. 8 des Gasversorgungsgesetzes haben die föderalen Staatsorgane im Zusammenhang mit der Gasversorgung die folgenden Befugnisse:

*   Festlegung der Staatspolitik im Bereich der Gasversorgung
*   Vorbereitung und Verabschiedung der Föderalgesetze und anderer Rechtsakte zur Umsetzung der Staatspolitik im Bereich der Gasversorgung
*   Vorbereitung und Umsetzung des föderalen Programms zur Entwicklung der Gasversorgung
*   Staatliche Regulierung der Verwendung von strategischen Gasvorräten, Aufsicht und Kontrolle über die technische und ökologische Sicherheit der Gasversorgungsanlagen
*   Festsetzung der Standards, Methodologie und Zertifizierung in der Gasversorgung.

Die föderale Regierung übt ihre Befugnisse im Bereich der Gasversorgung gemäß dem Föderalgesetz „Über die Regierung der Russischen Föderation" aus. Dieses Gesetz:

*   legt das Verfahren bei der Vorbereitung und Bestätigung der Prognose des Verhältnisses zwischen der Förderung und dem Vertrieb aufgrund der Analyse der Gasressourcen, der technischen Kapazitäten der Gasversorgungssysteme und der Prognose des Bedarfs an Energieressourcen fest;
*   bestätigt die Regeln für Gaslieferungen, für Gasverwendung und für Dienstleistungen im Zusammenhang mit der Gasversorgung, das föderale Programm der Entwicklung der Gasversorgung, Regeln für den Schutz der Gasfernleitungen, der Gasverteilungsnetze und anderer Anlagen, das Verfahren für den Zugang der unabhängigen Unternehmen zu den Gastrans-

port- und Gasverteilungsnetzen, das Verfahren bei der Verwendung des Gases als Brennstoff, die Liste von Verbrauchern und Unternehmen, die ein Vorrecht auf die Verwendung des Gases als Brennstoff haben und an die die Lieferungen nicht beschränkt oder eingestellt werden dürfen

• bestimmt die Grundsätze für die Festsetzung der Gaspreise und der Tarife für die Gastransportdienstleistungen durch Gasfernleitungen und Gasveteilungsnetze, das Verfahren im Zusammenhang mit der Entschädigung für Verluste der Gasverteilungsunternehmen bei den Gaslieferungen an Haushalte, die gemäß der föderalen Gesetzgebung Vorteile und Ermäßigungen genießen.

Gemäß dem Föderalgesetz Nr. 28-FZ „Über die Energieeinsparung" vom 3. April 1996 wird die Energieeinsparung als Umsetzung von rechtlichen, organisatorischen, wissenschaftlichen, industriellen, technischen und wirtschaftlichen Maßnahmen definiert, die die effektive Verwendung von Energieressourcen und den Einsatz der erneuerbaren Energien zum Ziel haben.

Gemäß Art. 14 des Energieeinsparungsgesetzes werden den Verbrauchern und den Erzeugern von Energie, die Maßnahmen zur Energieeinsparung treffen, unter anderem die Einhaltung der höheren als der staatlichen Standards bei der Energieerzeugung und -verbrauch, Vorteile gewährt. Das Verfahren bei der Gewährung von Vorteilen ist von der föderalen Regierung zu bestimmen.

Die Erzeuger von Elektrizität und Wärme, die nicht zu den regionalen Energieversorgungsunternehmen gehören, sind berechtigt, Energie in die Netze der regionalen Energieversorgungsunternehmen in der Menge und zu den Bedingungen einzuspeisen, die von den regionalen Energieversorgungsorganisationen und dem zuständigen Exekutivorgan des Föderationssubjekts beschlossen werden. Die Energieversorgungsunternehmen sind verpflichtet, die Durchleitung zu den Preisen vorzunehmen, die von den Exekutivorganen des Föderationssubjekts reguliert werden.

Bei Energieanlagen, die erneuerbare Energien nutzen und gemäß den Energieeinsparungsprogrammen errichtet wurden, sollen die Elektrizitätspreise die Baukosten binnen einer mit dem Exekutivorgan des Föderationssubjekts abgestimmten Frist decken.

Die Exekutivorgane der Föderationssubjekte müssen bei der Festsetzung der Tarife die wirtschaftlich gerechtfertigten Aufwendungen der Verbraucher für Energieeinsparung berücksichtigen. Die Zusammensetzung dieser Aufwendungen und die Art der Verwendung zur Finanzierung energiesparender Projekte werden ebenfalls von den Exekutivorganen der Föderationssubjekte festgelegt.

Die staatliche Regulierung der Elektrizitätsnetze in der Russischen Föderation

Anatolij I. Grischtschenko

Die Reform der russischen Elektrizitätswirtschaft betrifft auch die Elektrizitätsnetze. Die Aufteilung der Elektrizitätswirtschaft in Tätigkeitsarten, die natürliche Monopole darstellen, und Tätigkeitsarten, für die Wettbewerbsregeln gelten sollen, ist das Hauptziel der Reform.

Die Durchleitung der Elektrizität ist naturgemäß eine monopolistische Tätigkeit, die in der Russischen Föderation über das Einheitliche Nationale (Allrussische) Elektrizitätsnetz (im folgenden – ENE) ausgeführt wird. Die Gesamtlänge des ENE beträgt 154000 km. Die Leistung der Umspannwerke beträgt 321000 MW. Im Rahmen der Reform der Elektrizitätswirtschaft ist geplant, die Elektrizitätsnetze in Fernleitungen und Verteilungsleitungen aufzuteilen. In der ersten Phase der Reform wurde die offene Aktiengesellschaft „Föderale Netzgesellschaft des Einheitlichen Energiesystems" (OAG „FNG EES") im Juni 2003 gegründet. FNG EES ist eine besondere juristische Person, in deren Eigentum Vermögensgesamtheiten stehen, die sich in fast allen Föderationssubjekten befinden. Durch das Föderalgesetz Nr. 35-FZ „Über die Elektrizitätswirtschaft" vom 26. März 2003[1] wurde der FNG EES ein besonderer Status, nämlich der Status der Organisation zur Verwaltung des Einheitlichen Nationalen (Allrussischen) Elektrizitätsnetzes, verliehen. Keine andere Organisation in der Russischen Föderation hat einen solchen Status.

Abgesehen von FNG EES, wurden 2003 sieben überregionale Fernleitungsnetzgesellschaften (ÜFNG) unter Beteiligung der FNG und des Staates gegründet (ÜFNG „Zentrum", ÜFNG „Nord-West", ÜFNG „Wolga", ÜFNG „Süden", ÜFNG „Ural", ÜFNG „Sibirien", ÜFNG „Osten").

In Analogie zu ÜFNG ist die Gründung der überregionalen Verteilungsnetzgesellschaften (ÜNB) geplant. Auf dieser Grundlage soll die Struktur der Elektrizitätsverteilung aufgebaut werden. Die ÜNB sollen durch überregionale Integration der Verteilungsnetzgesellschaften gebildet werden, die im Wege der Restrukturierung der sog. AG-energo (ursprünglich die regionalen Tochtergesellschaften der Russischen Aktiengesellschaft „Einheitliche Energiesysteme Russlands") entstanden sind bzw. entstehen werden. Bisher wurden vier ÜNB gegründet:

- ÜNB 1 durch Restrukturierung der AG-energo Zentrum und Nordkaukasus (staatliche Eintragung in Twer);
- ÜNB 2 durch Restrukturierung der AG-energo Nord-West (staatliche Eintragung in St Petersburg);
- ÜNB 3 durch Restrukturierung der AG-energo Ural und Mittelwolga (staatliche Eintragung in Jekaterinburg);

---

[1]   Rossijskaja gazeta vom 1. April 2003.

- ÜNB 4 durch Restrukturierung der AG-energo Sibirien (staatliche Eintragung in Krasnojarsk).

Die Gründung der ÜNB 5 im Fernen Osten wird im Zuge der Restrukturierung der AG-energo in dieser Region beschlossen.

I. Rechtsgrundlagen der Elektrizitätsnetzwirtschaft in der Russischen Föderation

Nach der russischen Gesetzgebung gehören Durchleitungsnetze, Umspannwerke, Verteilerwerke und andere Anlagen zur Herstellung der Netzverbindungen und Weiterleitung der Elektrizität zu den Einrichtungen der Elektrizitätsnetzwirtschaft. Die wirtschaftliche Tätigkeit im Bereich der Elektrizitätswirtschaft ist in Kapitel 3 und in Art. 26 des Föderalgesetzes „Über die Elektrizitätswirtschaft" geregelt. Die Elektrizitätsnetzwirtschaft ist in zwei Bereiche aufgeteilt:

1. das einheitliche nationale (allrussische) Elektrizitätsnetz
2. Elektrizitätsnetze außerhalb des ENE.

Gemäß Art. 7 Ziff. 1 des Föderalgesetzes „Über die Elektrizitätswirtschaft" stellt das ENE eine Gesamtheit der Elektrizitätsnetze und anderer Einrichtungen der Elektrizitätswirtschaft dar, über die die Elektrizitätsunternehmen als Eigentümer oder aus einem anderen durch föderale Gesetze bestimmten Grund verfügen. Das ENE gewährleistet eine sichere Versorgung der Verbraucher mit Elektrizität, das Funktionieren des Marktes für Großabnehmer und die Gleichschaltung des russischen Elektrizitätssystems mit den Elektrizitätssystemen ausländischer Staaten.

Gemäß Art. 7 Ziff. 2 des Föderalgesetzes „Über die Elektrizitätswirtschaft" sind die *Rechte* der Eigentümer und anderer rechtmäßiger Besitzer der zum ENE gehörenden Einrichtungen der Elektrizitätswirtschaft auf Abschluss von Verträgen über die Durchleitung durch diese Netze und auf die vorläufige und endgültige Einstellung des Netzbetriebs *beschränkt*; hierfür ist die Zustimmung der Organisation zur Verwaltung des ENE erforderlich. *Der Katalog der Beschränkungen ist abschließend.* Diese Beschränkungen treten in Kraft, wenn die Regierungsverordnung über die Inkraftsetzung der Regeln des Marktes für Großabnehmer in Kraft tritt.

Durch die Verordnung der Regierung der Russischen Föderation Nr. 881 vom 21. Dezember 2001[2] wurden die Kriterien der Zuordnung der Fernleitungen und der Einrichtungen der Elektrizitätswirtschaft zum ENE bestimmt. Durch die Verordnung wurde ferner festgelegt, dass zum ENE Durchleitungsnetze und Anlagen der Elektrizitätsnetze gehören, die technologisch und wirtschaftlich verbunden und zentral verwaltet werden, eine strategische Bedeutung für die sichere Versorgung der russischen Endverbraucher und das Funktionieren des Elektrizitätsmarktes für Großabnehmer haben und die Gleichschaltung des Elektrizitätssystems der Russischen Föderation mit den Elektrizitätssystemen

---

2   Sobranie zakonodatel'stva Rossijskoj Federacii 2001, Nr. 53, Pos. 5180.

ausländischer Staaten, u. a. für den Export und Import der Elektrizität, gewährleisten.

Am 26. Januar 2006 hat die Regierung der Russischen Föderation die Verordnung Nr. 41[3] über die Änderung der Kriterien der Zuordnung der Einrichtungen der Elektrizitätswirtschaft zum ENE erlassen. Diese Verordnung wurde in der Folge des Zusammenbruchs der Elektrizitätsnetze in Moskau im Mai 2005 vorbereitet und soll die Sicherheit der Elektrizitätsversorgung erhöhen. Die Regierungsverordnung Nr. 881 vom 21. Dezember 2001 ist außer Kraft gesetzt worden.

Derzeit gehören zum ENE:

1. Elektrizitätsleitungen (ober- und unterirdische), die zur Spannungsklasse von über 330 kV gehören;
2. Elektrizitätsleitungen (ober- und unterirdische), die zur Spannungsklasse von 220 kV gehören und
   · die Elektrizität von Kraftwerken, die Gesamtleistung eines jeden von denen mindestens 200 MW beträgt, in das Netz einspeisen oder
   · die Verbindung und Gleichschaltung der Elektrizitätssysteme mehrerer Föderationssubjekte gewährleisten oder
   · die Elektrizität in die Netzknoten einspeist, an die Transformatoren mit der Leistung von nicht unter 125 MVA angeschlossen sind oder
   · die genannten Elektrizitätsleitungen, einschließlich der Elektrizitätsleitungen mit Umspannwerken, die zum Stammkapital der offenen Aktiengesellschaft „Einheitliche Energiesysteme Russlands" gehören, unmittelbar verbinden.
3. Elektrizitätsleitungen, die die Staatsgrenzen der Russischen Föderation überqueren
4. Elektrizitätsleitungen (ober- und unterirdisch), die zur Spannungsklasse von 110 (150) kV gehören und deren Außerbetriebsetzung technologische Einschränkungen bei der Durchleitung der Elektrizität durch Netze einer höheren Spannungsklasse zur Folge hätte
5. Umspann- und Verteilerwerke, die zur Spannungsklasse von über 220 kV gehören und mit den in Ziff. 1-3 genannten Elektrizitätsleitungen verbunden sind, sowie technische Ausrüstung dieser Umspannwerke, mit Ausnahme der Verteilerwerke, die zur Vermögensgesamtheit der Kraftwerke gehören
6. Einrichtungen zur Steuerung und Verwaltung der oben genannten Einrichtungen der Elektrizitätswirtschaft.

Durch die Regierungsverordnung Nr. 648 über die Zuordnung der Elektrizitätsnetzeinrichtungen zum ENE und über die Führung des Registers solcher Einrichtungen vom 28. Oktober 2003[4] werden die Voraussetzungen der Zuordnung

---

3   Sobranie zakonodatel'stva Rossijskoj Federacii 2006, Nr. 5, Pos. 556.
4   Sobranie zakonodatel'stva Rossijskoj Federacii 2003, Nr. 44, Pos.4315.

der Elektrizitätsnetzeinrichtungen zum ENE und das Verfahren bei der Führung des Registers festgelegt. Die Zuordnung der der Elektrizitätsnetzeinrichtungen zum ENE und deren Eintragung in das Register wird auf Antrag folgender Personen vorgenommen:

- des Eigentümers oder des rechtmäßigen Besitzers der Elektrizitätsnetzeinrichtungen;
- des föderalen Ministeriums für Industrie und Energiewirtschaft;
- der Organisation zur Verwaltung des ENE;
- des Systemoperators.

Diese Liste ist abschließend.
Die Entscheidung über die Zuordnung zum ENE und die Eintragung in das Register trifft das föderale Ministerium für Industrie und Energiewirtschaft.

II. Rechtliche Regulierung des Zugangs zu Elektrizitätsnetzen

Die Eigentümer und rechtmäßige Besitzer der Elektrizitätsnetzeinrichtungen üben folgende Tätigkeiten aus:

1. technischer Anschluss der Anlagen zur Energieabnahme von juristischen und natürlichen Personen an Elektrizitätsnetze;
2. Dienstleistungen im Zusammenhang mit der Durchleitung der Elektrizität

Auf die Durchleitung der Elektrizität besteht ein natürliches Monopol, so dass die Dienstleistungen zur Durchleitung durch die Gesetzgebung über natürliche Monopole (Art. 4 des Föderalgesetzes Nr. 147-FZ „Über die natürlichen Monopole" vom 17. August 1995),[5] das Föderalgesetz „Über die Elektrizitätswirtschaft" und andere Föderalgesetze geregelt werden.

1. Rechtsverhältnisse im Zusammenhang mit dem technischen Anschluss an Elektrizitätsnetze

Der technische Anschluss der Anlagen zur Energieabnahme wird durch Art. 26 Ziff. 1 des Föderalgesetzes „Über die Elektrizitätswirtschaft" geregelt. Um dem Missbrauch durch Netzgesellschaften vorzubeugen, werden die Kriterien der technischen Möglichkeit des Anschlusses und die Regeln für die Ausstellung der individuellen technischen Anschlussbedingungen sowie andere Regeln für den technischen Anschluss an die Elektrizitätsnetze durch die Regierung der Russischen Föderation bestimmt.

Durch die Verordnung der Regierung der Russischen Föderation Nr. 861 vom 27. Dezember 2004[6] wurden die Regeln für den technischen Anschluss der Anlagen zur Energieabnahme von juristischen und natürlichen Personen an Elektrizitätsnetze bestätigt, in denen das Verfahren beim technischen Anschluss, die wesentlichen Bedingungen des Vertrages über den technischen Anschluss an

---

5   Rossijskaja gazeta vom 24.08.1995, Nr. 164.
6   Sobranie zakonodatel'stva Rossijskoj Federacii 2004, Nr. 52 (Teil 2), Pos. 5525.

Elektrizitätsnetze, Anforderungen an die Aufstellung der individuellen technischen Anschlussbedingungen und Kriterien für die Feststellung der technischen Möglichkeit des Anschlusses bestimmt sind.

Die Netzgesellschaft ist verpflichtet, jede natürliche oder juristische Person, die einen Antrag auf Anschluss einer Anlage gestellt hat, die **erstmalig** in Betrieb gesetzt oder neu gebaut wurde oder deren Leistung erhöht wurde, Zugang zum Netz zu gewähren, wenn die in den Regeln festgelegten Bedingungen erfüllt sind und die technische Möglichkeit besteht. *Daraus ergibt sich, dass die Regeln auf die vor dem Inkrafttreten der Regeln angeschlossenen Anlagen keine Anwendung finden. Somit sollen in Bezug auf die Anlagen zur Energieabnahme, die vor dem Inkrafttreten der Regeln angeschlossen wurden, keine Verträge abgeschlossen und keine in den Regeln vorgeschriebenen Verfahren durchgeführt werden.*

Durch die Regeln wird das folgende Verfahren für den technischen Anschluss vorgesehen:

- Antrag auf den technischen Anschluss und auf Aufstellung der technischen Bedingungen;
- Vorbereitung der technischen Bedingungen und des Vertragsentwurfs, der die technischen Bedingungen enthält
- Vertragsabschluß;
- Erfüllung der technischen Bedingungen durch den Antragsteller und die Netzgesellschaft
- Ausführung der Arbeiten zum Anschluss und Gleichschaltung der Anlage zur Elektrizitätsabnahme
- Überprüfung der Erfüllung der technischen Bedingungen und die Aufstellung des Protokolls über den technischen Anschluss.

Die Gesetzgebung bestimmt, dass der technische Anschluss an die Elektrizitätsnetze entgeltlich ist. *Die Gebühr wird nur einmal erhoben.* Die Änderung der Eigentumsverhältnisse auf Seiten des Antragstellers oder der Netzgesellschaft zieht nicht eine wiederholte Erhebung der Anschlussgebühr nach sich.

Die Höhe der Anschlussgebühr wird durch das föderale Exekutivorgan festgesetzt, das durch die Regierung der Russischen Föderation bevollmächtigt wurde. Sie soll die Ausgaben für die Maßnahmen zur Herstellung des technischen Anschlusses an die Elektrizitätsnetze decken. Eine Einrechnung dieser Ausgaben in das Durchleitungsentgelt ist nicht zulässig. Der Föderale Tarifdienst (Befehl Nr. 22-e/5 vom 15. Februar 2005)[7] hat die methodische Anleitung über die Bestimmung der Höhe der Gebühr für den technischen Anschluss an Elektrizitätsnetze erlassen, welche die Kalkulationsgrundlage für die Anschlussgebühr enthält. Der

---

[7] Bulleten' normativnych aktov federal'nych organov ispolnitel'noj vlasti vom 11.04.2005, Nr. 15.

Föderale Tarifdienst setzt die Gebühr für den technischen Anschluss an die Netze des ENE fest. Die Gebühr für den technischen Abschluss wird gegenüber folgenden Antragstellern erhoben:

• Verbraucher der Elektrizität, die erstmalig an das Elektrizitätsnetz angeschlossen werden oder ihren Anschluss erweitern

• andere Elektrizitätsnetzgesellschaften, u.a. lokale Netzgesellschaften und Organisationen, die als Eigentümer oder rechtmäßige Besitzer über die Einrichtungen des ENE verfügen

• Besitzer der Kraftwerke, die erstmalig an das Elektrizitätsnetz angeschlossen werden oder ihren Anschluss erweitern.

Die Höhe der Gebühr wird nicht als ein absoluter Wert festgesetzt, sondern soll aufgrund der zwingenden Vorschriften über die Berechnung bestimmt werden. Dabei kann sie von der Zone abhängig sein. Ein weiterer wichtiger Wert ist der geplante Energieverbrauch gemäß des Antrags. Nach den Vorgaben des Föderalen Tarifdienstes wird die Anschlussgebühr aufgrund des geplanten Energieverbrauchs binnen eines bestimmten Zeitabschnitts, derzeit eines Kalenderjahres, berechnet.

Durch das Föderalgesetz Nr. 199-FZ „Über die Änderung einzelner Gesetze der Russischen Föderation im Zusammenhang mit der Verbesserung der Vorschriften über die Zuständigkeitsabgrenzung", das am 31. Dezember 2005 verabschiedet wurde und am 1. Januar 2006 in Kraft getreten ist, wurde die Befugnis, die Gebühr für den Anschluss an lokale Elektrizitätsnetze festzusetzen, an die Exekutivorgane der Föderationssubjekte delegiert, die für die Festsetzung der Tarife zuständig sind. Regionale Tarifdienste sind nun aufgrund des Gesetzes befugt, die Höhe der Anschlussgebühr festzusetzen und somit den Umfang der Investitionsmittel zu beeinflussen, die zur Entwicklung der regionalen Energiewirtschaft eingesetzt werden.

Natürliche Personen, die einen Antrag auf den technischen Anschluss im Zusammenhang mit dem künftigen Verbrauch im Haushalt in einem Umfang bis einschließlich 15 kW stellen, zahlen für die Aufstellung der technischen Bedingungen bis zu 0,5 des gesetzlich festgesetzten Mindestlohns (50 Rubel) und für alle anderen Maßnahmen im Zusammenhang mit der Herstellung des Anschlusses bis zu 5 gesetzlich festgesetzte Mindestlöhne (500 Rubel).

Der technische Anschluss der Anlagen zur Energieabnahme juristischer und natürlicher Personen erfolgt aufgrund eines entgeltlichen Vertrages zwischen dem Antragsteller und der Netzgesellschaft. Im Zusammenhang mit solchen Verträgen besteht Kontrahierungszwang für Netzgesellschaften. Auf den Vertrag finden die Vorschriften des Art. 445 des Zivilgesetzbuches der Russischen Föderation[8] Anwendung. Die vertraglichen Ansprüche erlöschen durch Erfüllung, d. h. durch die Herstellung des Anschlusses und die Zahlung der Anschlussgebühr.

---

[8]   Sobranie zakonodatel'stva Rossijskoj Federacii 1994, Nr. 32, Pos. 3301.

Weigert sich die Netzgesellschaft ohne Rechtsgrund, den Vertrag abzuschließen, ist der Antragsteller berechtigt, eine Klage auf Erzwingung des Vertragsabschlusses und auf den Ersatz des durch die unberechtigte Weigerung verursachten Schadens gemäß der geltenden Zivilgesetzgebung zu erheben. Die Netzgesellschaft ist verpflichtet, binnen 30 Tagen nach dem Zugang des Antrags dem Antragsteller den Vertragsentwurf zuzuleiten. Der Vertrag muss die folgenden wesentlichen Bedingungen enthalten:

- Maßnahmen im Zusammenhang mit dem technischen Anschluss und die Pflichten der Parteien
- Erfüllung der technischen Bedingungen
- Frist für die Vornahme der Maßnahmen im Zusammenhang mit dem technischen Anschluss durch die Netzgesellschaft
- die Höhe der Gebühren für einzelne Maßnahmen im Zusammenhang mit dem Anschluss
- Haftung der Parteien
- Abgrenzung der Zuständigkeiten.

Die technischen Bedingungen des Anschlusses sind Bestandteil des Vertrages, wobei die Vertragsbedingungen mit Ausnahme der individuellen technischen Bedingungen für alle juristischen und natürlichen Personen gleich sein müssen. Die Regeln für den technischen Anschluss enthalten einen abschließenden Katalog der Kriterien. Die Kriterien sind die folgenden:

- Die Anlage zur Energieabnahme des Antragstellers soll sich im Gebiet der betreffenden Netzgesellschaft befinden
- Die Leistung im Netzknoten, an den die Anlage anzuschließen ist, muss ausreichend sein.

Wenn ein Kriterium nicht erfüllt ist, ist die technische Möglichkeit nicht gegeben. Wird der Antrag wegen technischer Unmöglichkeit von der Netzgesellschaft abgelehnt, ist der Antragsteller berechtigt, beim zuständigen Exekutivorgan für technische Aufsicht (auf föderaler Ebene der Föderale Dienst für Umwelt-, Technologie- und Kernkraftaufsicht) eine verbindliche Stellungnahme über die technische Möglichkeit des Anschlusses zu beantragen.

2. Rechtsverhältnisse im Zusammenhang mit der Durchleitung der Elektrizität

Die AG „FNG EES" erbringt Dienstleistungen im Zusammenhang mit Durchleitung der Elektrizität durch das ENE gemäß Art. 9 des Föderalgesetzes „Über die Elektrizitätswirtschaft". Diese Dienstleistungen werden aufgrund eines entgeltlichen Vertrages an Teilnehmer des Elektrizitätsmarktes für Großabnehmer sowie an andere Eigentümer und rechtmäßige Besitzer der Elektrizitätseinrichtungen erbracht, die an das ENE angeschlossen sind.

Im Zusammenhang mit solchen Verträgen besteht Kontrahierungszwang für die
FNG EES. Der Gesetzgeber hat jedoch eine Ausnahme festgelegt: die Organisation zur Verwaltung des ENE ist berechtigt, den Abschluss zu verweigern, wenn
der Antragsteller keinen Vertrag mit dem zuständigen Systemoperator abgeschlossen hat. Ferner stellt das Fehlen des Anschlusses an das EES einen
Rechtsgrund für die Weigerung dar. Da die Organisation zur Verwaltung des
ENE die Grundlage für das Elektrizitätsnetzsystem darstellt, hat der Gesetzgeber
in Art. 9 Ziff. 2 des Föderalgesetzes „Über die Elektrizitätswirtschaft" geregelt,
aus welchen Komponenten sich das Durchleitungsentgelt zusammensetzt. Die
Komponenten sind die folgenden:

- Ersatz der eigenen Aufwendungen der Organisation zur Verwaltung des
  ENE für die Gewährleistung der Durchleitung (wirtschaftlich begründete
  Ausgaben für die Dienstleitungen im Zusammenhang mit der Durchlei-
  tung sowie Gewinne, aus denen diese Ausgaben finanziert werden und
  Gewinne, durch die die wirtschaftlich begründete Rentabilität gewährleis-
  tet wird, wenn die dadurch erwirtschafteten Kapitaleinnahmen für die
  Gewährung der Dienstleistungen verwendet werden)
- Ausgaben, die im Zusammenhang mit der Übertragung der zum ENE ge-
  hörenden Einrichtungen der Elektrizitätsnetzwirtschaft auf andere Eigentümer und rechtmäßige Besitzer entstehen, nach Abzug der laufenden
  Kosten der Organisation zur Verwaltung des ENE für den Betrieb dieser
  Einrichtungen.
- Ferner sind in das Durchleitungsentgelt auch die Kosten der Dienstleistungen des Systemoperators zur Steuerung des Systems einzurechnen,
  wenn ein entsprechender Vertrag mit dem Systemoperator besteht (darun-
  ter Ausgaben, die durch die Auszahlung der Versicherungsprämie aufgrund des Haftpflichtversicherungsvertrages des Systemoperators verursacht werden).

Die Dienstleistungen im Zusammenhang mit der Durchleitung werden gemäß
Art. 26 Ziff. 2 des Föderalgesetzes „Über die Elektrizitätswirtschaft" und den
Regeln des diskriminierungsfreien Zugangs zu Dienstleistungen im Zusammenhang mit der Durchleitung (Regierungsverordnung Nr. 861 vom 27. Dezember
2004) erbracht. Der diskriminierungsfreie Zugang zu den Dienstleistungen im
Zusammenhang mit der Durchleitung der Elektrizität bedeutet die Gewährleistung gleicher Bedingungen bei der Erbringung der Dienstleistungen an jeden
Verbraucher, unabhängig von seiner Gesellschaftsform und den Rechtsverhältnissen zwischen dem Verbraucher und dem Dienstleister. Die Dienstleistungen
im Zusammenhang mit der Durchleitung werden durch die Netzgesellschaft
aufgrund des entgeltlichen Dienstleistungsvertrages erbracht, auf den die Vorschriften des Art. 426 des ZGB[9] Anwendung finden. Durch das Föderalgesetz

---

[9]   ebda.

„Über die Elektrizitätswirtschaft" werden zusätzliche zwingende Voraussetzungen des Vertragsabschlusses festgelegt.

Gemäß Art. 26 Ziff. 2 des Föderalgesetzes „Über die Elektrizitätswirtschaft" ist *für den Abschluss des Vertrages über die Erbringung von Dienstleistungen im Zusammenhang mit der Durchleitung erforderlich, dass sich der Kunde am Handel auf dem Elektrizitätsmarkt für Großabnehmer beteiligt oder mit ihm ein Energieliefervertrag abgeschlossen worden ist, auf dessen Grundlage bereits Lieferungen erfolgt sind.*

Der Gesetzgeber hat in Art. 26 Ziff. 2 des Föderalgesetzes „Über die Elektrizitätswirtschaft" festgelegt, unter welchen Voraussetzungen die Netzgesellschaft die Erfüllung der Vertrages verweigern darf. Ein Rechtsgrund für die Weigerung besteht, wenn die Netzgesellschaft Kenntnis davon erlangt, dass der Kunde seine Verpflichtungen aus dem Vertrag nicht erfüllt hat. In diesem Fall ist die Netzgesellschaft berechtigt, die Lieferungen zeitweilig einzustellen oder u.U. den Anschluss zu sperren (Art. 38 Ziff. 1 des Föderalgesetzes „Über die Elektrizitätswirtschaft", Art. 546 Ziff. 2 des Zivilgesetzbuches der Russischen Föderation) und die Durchleitung einzustellen.

Die Dienstleistungen zur Durchleitung der Elektrizität werden durch die Netzgesellschaft aufgrund des Vertrages über die entgeltlichen Dienstleistungen im Zusammenhang mit der Durchleitung an die Eigentümer und rechtmäßige Besitzer der Anlagen zur Energieabnahme, die an das Elektrizitätsnetz ordnungsgemäß angeschlossen sind, an die Teilnehmer des Elektrizitätsmarktes für Großabnehmer, die Elektrizität exportieren und importieren, an Elektrizitätsvertriebsgesellschaften und an Garantielieferanten erbracht.

Weigert sich die Netzgesellschaft ohne Rechtsgrund, den Vertrag abzuschließen, ist der Antragsteller berechtigt, Klage auf Erzwingung des Vertragsabschlusses und auf den Ersatz des durch die unberechtigte Weigerung verursachten Schadens gemäß der geltenden Zivilgesetzgebung zu erheben.

Der Vertrag über die entgeltlichen Dienstleistungen im Zusammenhang mit der Durchleitung kann nicht vor dem Vertrag über den technischen Anschluss abgeschlossen werden, es sei denn, der Kunde ist:

- Eigentümer oder rechtmäßiger Besitzer einer Anlage zur Energieabnahme, die vor dem Inkrafttreten der Regeln angeschlossen wurde
- eine Person, die Elektrizität exportiert oder importiert und keine Elektrizitätseinrichtungen, die an das Elektrizitätsnetz angeschlossen sind, besitzt, nutzt oder über diese verfügt
- eine Energievertriebsgesellschaft (Garantielieferant), die den Vertrag im Interesse ihrer Kunden, die Endverbraucher sind, abschließt.

Der Vertrag über die entgeltlichen Dienstleistungen im Zusammenhang mit der Durchleitung muss folgende wesentliche Bedingungen enthalten:

- Die Höchstleistung der Anlage zur Energieabnahme, die an das Elektrizitätsnetz angeschlossen ist, und die Aufteilung dieser Leistung auf jeden Anschlusspunkt
- Die Höhe der Leistung (bei der Erzeugung oder beim Verbrauch), die die Netzgesellschaft an den vertraglich bestimmten Anschlusspunkten garantiert
- Die Abgrenzung der Haftung des Verbrauchers und der Netzgesellschaft für den Zustand und die Wartung der Einrichtungen der Elektrizitätsnetzwirtschaft, die von der Aufnahme in die Bilanz abhängt und in dem dem Vertrag beizufügenden Protokoll über die Abgrenzung der Bilanzzugehörigkeit der Elektrizitätsnetze und der Haftung für den Betrieb festzulegen ist
- Der Umfang der Speicherkapazitäten für technologische Zwecke und zur Verhinderung von Havarien, aus der sich Einschränkungen des Elektrizitätsverbrauchs ergeben, wenn Verbraucher juristische Personen oder Einzelunternehmer sind. Für die genannten Personen ist das Protokoll über die Speicherkapazitäten für technologische Zwecke und zur Verhinderung von Havarien Bestandteil des Vertrages
- Die Pflichten der Parteien in Bezug auf den Einbau der Elektrizitätsmessgeräte, die den durch die Gesetzgebung der Russischen Föderation bestimmten Anforderungen entsprechen, an Anschlusspunkten und die Gewährleistung deren Funktionstüchtigkeit gemäß den durch das zuständige Organ für technische Regulierung und Metrologie und den Hersteller bestimmten Kriterien während der Gültigkeitsdauer des Dienstleistungsvertrages.

Gemäß Ziff. 15 der Regeln muss der Verbraucher (Antragsteller), der den Vertrag abzuschließen beabsichtigt, der Netzgesellschaft einen schriftlichen Antrag auf den Vertragsabschluß zuleiten, der folgende Angaben enthalten soll:
- Angaben zur Person des Verbrauchers einschließlich der Kontoverbindungen
- Den Umfang und Modus der Elektrizitätslieferungen für jeden Monat
- Die Höchstleistung und Modalitäten der Belastung der Anlagen zur Energieabnahme, die an das Netz angeschlossen sind, aufgeschlüsselt nach einzelnen Anschlusspunkten und unter Angabe der Abgrenzung der Bilanzzugehörigkeit
- Das Einlinienbild des Elektrizitätsnetzes des Verbrauchers, das an die Netze der Netzgesellschaft angeschlossen ist
- Die Anschlusspunkte unter Angabe der Leistungshöhe, einschließlich der Höhe der Leistung im Falle der höchsten Belastung der Verbrauchernetze, für jeden Anschlusspunkt
- Den Termin, an dem die Durchleitung beginnen soll

- Angaben zum Vertrag über die Dienstleistungen im Bereich der Steuerung, wenn ein solcher Vertrag mit der Einrichtung zur Verwaltung des ENE abgeschlossen wurde.

Die Netzgesellschaft ist verpflichtet, den Antrag binnen 30 Tagen ab dem Zugang zu bearbeiten und dem Antragsteller den von der Netzgesellschaft unterzeichneten Vertragsentwurf oder eine begründete Absage zuzuleiten.
In Ziff. 20 der Regeln ist ein abschließender Katalog der Gründe enthalten, aus denen die Netzgesellschaft den Vertragsabschluß verweigern darf, und zwar:

- Wenn der Verbraucher keinen Vertrag mit der Einrichtung zur Verwaltung des ENE abgeschlossen hat, obwohl der Abschluss zwingend war;
- Wenn die Durchleitung entsprechend der beantragten Leistung technisch, d.h. wegen der technischen Besonderheiten des Anschlusses, unmöglich ist;
- Wenn der Antrag von einer Person gestellt wurde, die keinen technischen Anschluss an die Netze der betreffenden Netzgesellschaft hat. Für Verträge mit den Garantielieferanten und den Elektrizitätsvertriebsgesellschaften stellt der technische Anschluss an die Netze der Endverbraucher und für Verträge mit Gesellschaften, die Elektrizität exportieren und importieren, der technische Anschluss an die Netze der Nachbarstaaten eine zusätzliche wesentliche Vertragsbedingung dar.

Wenn ein Rechtsgrund für die Verweigerung des Vertragsabschlusses vorliegt, ist die Netzgesellschaft verpflichtet, binnen 30 Tagen nach Zugang des Antrags, der den in Ziff. 15 der Regeln aufgestellten Anforderungen entspricht, eine schriftliche begründete Absage unter Beifügung der Unterlagen, die das Vorliegen des Rechtsgrundes nachweisen, dem Antragsteller zuzuleiten.
Gegen die Weigerung, den Vertrag abzuschließen, können die in der russischen Gesetzgebung vorgesehenen Rechtsmittel eingelegt werden.
Ist der Vertrag abgeschlossen und der technische Anschluss an die Netze hergestellt, ist jeder Verbraucher berechtigt, die Elektrizität jederzeit während der Gültigkeitsdauer des Vertrages in dem vertraglich bestimmten Umfang im Wege der Durchleitung zu beziehen, wobei die Qualität der Elektrizität den zwingenden technischen Vorschriften entsprechen muss.
Beschränkungen der Elektrizitätslieferungen sind nur bei Störungen im Netzbetrieb möglich, die durch Havarien und/oder vorläufige oder endgültige Außerbetriebsetzung der Netzeinrichtungen verursacht wurden und Leistungsbeschränkungen nach sich ziehen. Dabei wird der Energieverbrauch gemäß dem Protokoll über die Speicherkapazitäten für technologische Zwecke und zur Verhinderung von Havarien eingeschränkt.
Die Netzgesellschaft ist verpflichtet, die Informationen über die Durchleitungskapazität der Elektrizitätsnetze und über deren technische Eigenschaften gemäß den Vorschriften über die Veröffentlichung von Informationen durch Teilneh-

mer des Marktes für Großabnehmer und des Marktes für Endabnehmer zu veröffentlichen. Die Informationen über die technischen Eigenschaften sind in jedem Kalendervierteljahr spätestens 30 Tage nach dem Abschluss des Kalendervierteljahres zu veröffentlichen.
Die Netzgesellschaft ist verpflichtet, aufgrund eines schriftlichen Antrags Informationen über die Durchleitungskapazität und über die Durchleitungsentgelte binnen sieben Tagen nach Zugang des Antrags mitzuteilen.
Die Netzgesellschaft haftet für die Einhaltung der Fristen, Vollständigkeit und Richtigkeit der veröffentlichten und mitgeteilten Informationen gemäß der Gesetzgebung der Russischen Föderation.
Gemäß Ziff. 2 der Regierungsverordnung Nr. 861 vom 27. Dezember 2004 ist der Föderale Antimonopoldienst für die staatliche Kontrolle hinsichtlich der Einhaltung der Vorschriften über den diskriminierungsfreien Zugang zu den Elektrizitätsnetzen zuständig.
Der Föderale Antimonopoldienst kann aufgrund der Anträge der Staatsorgane sowie aufgrund der Anträge (Beschwerden) von natürlichen und juristischen Personen Verfahren zur Überprüfung der Einhaltung der Vorschriften über den Netzzugang einleiten, in der Sache entscheiden und Weisungen erteilen.
Das Antimonopolorgan hat über einen Antrag (eine Beschwerde) binnen eines Monats ab Zugang zu entscheiden. Die Grundlage der Entscheidung über die Anträge stellt das Antimonopolrecht dar.
Personen, gegen die die Entscheidungen oder Weisungen des Antimonopolorgans gerichtet sind, können gegen die Entscheidung/Weisung oder einzelne Teile der Entscheidung/Weisung gemäß der Gesetzgebung der Russischen Föderation Rechtsmittel einlegen.

3. Rechtsverhältnisse im Zusammenhang mit den Verbindungen zwischen den Netzsystemen
Gemäß Art. 41 des Föderalgesetzes „Über die Elektrizitätswirtschaft" ist die Netzgesellschaft, die die Durchleitung gewährleistet, im Rahmen ihrer Verpflichtungen gegenüber den Verbrauchern verpflichtet, die technische Verbindung zwischen den eigenen und den Verbrauchernetzsystemen durch eine Vereinbarung zu regeln. Die Rechtsverhältnisse im Zusammenhang mit den Verbindungen zwischen den Netzsystemen haben somit folgende Merkmale

- sie bestehen zwischen den Netzgesellschaften, deren Netzsysteme verbunden sind
- sie bezwecken die Erfüllung der Verpflichtungen der Netzgesellschaften gegenüber den Verbrauchern
- sie implizieren die Verrechnung gegenseitiger Forderungen.

Gemäß Art. 21 des Föderalgesetzes „Über die Elektrizitätswirtschaft" soll die Regierung der Russischen Föderation eine Verordnung über das Verfahren zur Herstellung der Verbindungen zwischen den Netzsystemen erlassen.

Die russische Gesetzgebung über die Elektrizitätswirtschaft enthält keine Spezialvorschriften über die Herstellung der Verbindung zwischen den Netzsystemen als einer besonderen Tätigkeitsart, über die Entgelte und über einen besonderen Vertragstyp in diesem Zusammenhang. Nach unserer Auffassung sollen auf die Verbindungen zwischen den Netzsystemen die Vorschriften über die Durchleitung der Elektrizität auf dem Elektrizitätsmarkt für Endverbraucher Anwendung finden, da es sich dabei um die Durchleitung der Elektrizität durch Elektrizitätsnetze einer Netzgesellschaft innerhalb der Elektrizitätsnetze anderer Netzgesellschaft zum Zwecke der Belieferung der Endverbraucher handelt.

Das Gesetz enthält den Begriff der Verrechnung gegenseitiger Forderungen bei Verbindungen zwischen Netzsystemen, definiert jedoch den Begriff nicht und enthält keine Vorschriften über das entsprechende Verfahren. Da die Herstellung der Verbindungen zwischen den Netzsystemen zum Bereich der Dienstleistungen im Zusammenhang mit der Durchleitung gehört, ist eine Verrechnung, soweit sie in Geld abgewickelt wurde, bei der Berechnung der Durchleitungsentgelte zu berücksichtigen.

Der Rechtsrahmen für die Kontrolle der Strompreise

a) Der Rechtsrahmen für die Kontrolle von Energiepreisen nach deutschem Preisgenehmigungs- und Wettbewerbsrecht[1]

Jürgen Kroneberg

I. Einleitung

Die Überprüfung von Energiepreisen in Deutschland unterliegt einem Geflecht von Kontrollregelungen. Das Kontrollspektrum reicht dabei von der Genehmigung der Stromtarifkundenpreise für Haushalts-, Landwirtschafts- und kleine Gewerbekunden nach § 12 BTO-Elt bis zu nachträglichen wettbewerbsrechtlichen Missbrauchskontrollen von Energiepreisen gemäß §§ 19, 20 GWB. Daneben treten nach dem neuen Energiewirtschaftsrecht Vorab-Genehmigungen der Netznutzungsentgelte für Strom- und Gasnetze nach § 23a EnWG. Dieser Beitrag soll einen Überblick über die vorhandenen Kontrollmechanismen geben.

II. Neuerungen durch das EnWG 2005 – insbesondere Abgrenzung regulierter Bereich und Wettbewerbsbereich

Am 13. Juli 2005 ist das Energiewirtschaftsgesetz 2005 (EnWG) in Kraft getreten.[2] Wesentliche Neuerung ist die Schaffung von Regulierungsbehörden für den Netzbereich. Anders als in verschiedenen anderen Mitgliedstaaten der Europäischen Union fokussiert sich die Regulierung in Deutschland auf den monopolistisch geprägten Bereich der Energiewirtschaft: den Netzbetrieb und dabei namentlich auf den Netzzugang und die Netzentgelte. Regulierung umfasst damit nicht die Aufsicht der Regulierungsbehörden über die gesamte energiewirtschaftliche Wertschöpfungskette. Nicht der Zuständigkeit der Regulierungsbehörden unterliegen damit die Wettbewerbsbereiche Erzeugung von Strom, Energiegroßhandel oder die hier zu erörternde Bildung und Überprüfung der Strom- und Gaspreise. In diesen Bereichen findet die kartellrechtliche Missbrauchskontrolle der Kartellbehörden weiter Anwendung. Aus diesem Ne-

---

[1] Der Verfasser ist Mitglied des Vorstands der RWE Energy AG, Dortmund. Der Beitrag ist eine aktualisierte Fassung des Vortrags, den der Verfasser am 31.3.2006 im Rahmen der deutsch-russischen Energietagung „Die aktuellen Probleme der rechtlichen Regulierung des Energiesektors und der Nutzung der Bodenschätze in Russland und Deutschland – Theorie, Praxis und Perspektiven" des Instituts für deutsches und europäisches Wirtschafts-, Wettbewerbs- und Energierecht, Freie Universität Berlin, gehalten hat.
[2] Art. 1 des „Zweiten Gesetzes zur Neuregelung des Energiewirtschaftsrechts" vom 7. Juli 2005, BGBl. I vom 12. Juli 2005, S. 1970 ff.

beneinander von Regulierungs- und Kartellbehörden folgt ein Bedürfnis nach klaren Regeln für deren Arbeitsteilung und Zusammenarbeit.[3] Wesentliche Neuerungen sind ebenfalls die Einführung einer Vorab-Genehmigung für Netzzugangsentgelte (§ 23a EnWG), die rechtliche und operationelle Entflechtung der Strom- und Gasnetze (§§ 6 ff. EnWG), Vorgaben für die Entwicklung eines neuen Gasnetzzugangsmodells (vgl. insbesondere § 20 Abs. 1b EnWG) und nicht zuletzt die Entwicklung eines Anreizregulierungsmodells für den Strom- und Gasnetzbereich, das nach den Vorschlägen der Bundesnetzagentur (BNetzA) ab 2008 in Kraft treten soll.[4]

III. Das Tarifgenehmigungsverfahren nach § 12 BTO-Elt für Stromtarifkunden

Die Bundestarifordnung Elektrizität (BTO-Elt)[5] gibt für den Stromtarifkundenbereich Regelungen für die Struktur der allgemeinen Tarife vor und fordert für diesen Bereich eine präventive behördliche Genehmigung der Stromtarife.[6] Das Genehmigungsverfahren basiert auf einer Kosten- und Erlöskontrolle.

1. Vorgaben des § 12 BTO-Elt
Die BTO-Elt unterscheidet zwischen Pflichttarifen („allgemeinen Tarifen"), die von allen Elektrizitätsversorgungsunternehmen anzubieten sind (§ 1 Abs. 1 S. 1 BTO-Elt), und Wahltarifen (§ 2). Aufbau und Struktur von Pflichttarifen sind durch die BTO-Elt im Einzelnen vorgegeben. Der allgemeine Tarif ist von Bedeutung, da dieser einen großen Teil des Stromabsatzes an Haushalts-, Landwirtschafts- und kleine Gewerbekunden erfasst. Nach § 12 BTO-Elt umfasst die Tarifpreisgenehmigung die Tarife selbst und ihre einzelnen Bestandteile. Der genehmigte Preis ist ein Höchstpreis, so dass Unterschreitungen durch Preissenkungen jederzeit möglich sind. Wiederanhebungen der Tarife auf das genehmigte Niveau bedürfen aber einer erneuten Genehmigung (§ 12 Abs. 5 BTO-Elt).

---

[3] Wichtige Zusammenarbeitsgrundsätze hierbei sind, dass es keine Doppelzuständigkeiten gibt (d. h. es ist entweder die Zuständigkeit der Regulierungsbehörden oder der Kartellämter begründet, dies folgt aus §§ 111 Abs. 1 EnWG bzw. § 130 Abs. 3 GWB), dass sowohl Regulierungs- als auch Kartellbehörden auf eine einheitliche und den Zusammenhang mit dem GWB wahrende Auslegung des EnWG hinwirken (§ 58 Abs. 3 EnWG), dass die von der jeweils anderen Behörde getroffenen Entscheidungen akzeptiert werden (z.B. § 111 Abs. 3 EnWG) oder dass die Behörden im Vorfeld von Entscheidungen eng zusammenarbeiten, insbesondere durch Entscheidungen im Einvernehmen (§ 58 Abs. 1 EnWG), durch gegenseitige Stellungnahmerechte (§ 58 Abs. 1 Satz 2 und Abs. 2 EnWG) oder durch Informationsaustausch zwischen Kartell- und Regulierungsbehörden (§ 58 Abs. 4 EnWG).

[4] Vgl. Berichtsentwurf der BNetzA zur Einführung einer Anreizregulierung vom 2. Mai 2006; der Bericht beruht auf den § 112a i.V.m. § 21a EnWG.

[5] Bundestarifordnung Elektrizität vom 18.12.1989, BGBl. I S. 2255.

[6] Statt vieler Hampel, ZNER 2004, S. 117 (121) m.w.N.

Neue Tarife sind grundsätzlich mindestens drei Monate vor Wirksamwerden zu beantragen (§ 12 Abs. 3 S. 1 BTO-Elt). Hierdurch soll ein angemessener zeitlicher Prüfungs- und Genehmigungskorridor vorgegeben werden. Die Regelung bringt aber auch die Einschätzung des Verordnungsgebers zum Ausdruck, dass die Genehmigungsbehörde ihre Genehmigungsprozesse so einzurichten hat, dass eine Entscheidung innerhalb dieser Frist im Regelfall ergehen wird. Die Antragstellung hat unter Beifügung der notwendigen Unterlagen zu erfolgen; weitere Unterlagen, die für die Beurteilung des Antrags von Bedeutung sein können, dürfen von der Behörde angefordert werden.[7] Vom Unternehmen sind die gesamte Kosten- und Erlöslage der Stromversorgung sowie die Zuordnung dieser Kosten und Erlöse zum Tarif- und Sonderabnehmerbereich darzustellen. Die Genehmigung wird befristet erteilt. Auf diese Weise soll dem Umstand Rechnung getragen werden, dass sich die Kosten- und Erlöslage eines Unternehmens im Zeitverlauf ändert (z.B. durch Veränderungen der Stromabsatzmenge). Obligatorisch ist ebenfalls ein Widerrufsvorbehalt, der Korrekturen der Preisbehörde auch während der Laufzeit der Genehmigung ermöglichen soll, z.B. wenn neue genehmigungserhebliche Tatsachen erkennbar werden. Des weiteren kann die Genehmigung unter Bedingungen bzw. unter Auflagen erteilt werden. Vorzeitige Beantragungen neuer Entgelte sind jederzeit möglich; in diesem Fall können die bisher genehmigten Tarife zunächst weitergeführt werden. Der Pflichttarif ist grundsätzlich leistungsbezogen auszugestalten, d.h. neben dem Arbeitspreis für jede abgenommene Kilowattstunde fällt ein Leistungspreis an. Hinzu kommt ein Verrechnungspreis, mit dem die Kosten der Verrechnung, des Inkassos sowie der Mess- und Steuereinrichtungen abgedeckt werden, § 4 Abs. 4 BTO-Elt.

In inhaltlicher Hinsicht müssen die allgemeinen Tarife den Erfordernissen einer möglichst sicheren und preisgünstigen Stromversorgung, einer rationellen und sparsamen Verwendung von Strom und - unter Nachhaltigkeits- und Umweltschutzgesichtspunkten - der Ressourcenschonung und möglichst geringen Umweltbelastung genügen, vgl. § 1 Abs. 1 S. 1 BTO-Elt. Die nach dem Verordnungstext gleichrangigen Anforderungen stehen unstreitig in einem Zielkonflikt. Vor diesem Hintergrund hat die Genehmigungsbehörde im Genehmigungsverfahren insbesondere einen Ausgleich zwischen kostenerhöhenden Anforderungen wie Ressourcenschonung und Sicherheit der Stromversorgung einerseits und

---

[7] Dabei hat die Behörden dem Schutz von Betriebs- und Geschäftsgeheimnissen angemessen Rechnung zu tragen. Das insofern bestehende besondere Schutzbedürfnis ist durch den Beschluss des BVerfG v. 14.3.2006 – 1 BvR 2087/03, 1 BvR 2111/03 (Telekom-Entgeltgenehmigungsverfahren) aktuell bestätigt worden: von besonderer Bedeutung und ohne weiteres auch auf den Energiesektor übertragbar dürfte dabei die Aussage sein, dass die Entgeltkontrolle kein Mittel ist, Wettbewerbern im Kampf gegen den bisherigen Markbeherrscher durch Zugang zu geheimhaltungsbedürftigen Unterlagen Vorteile einzuräumen.

der Preisgünstigkeit der Stromversorgung andererseits zu gewährleisten.[8] Weiterhin gelten die Grundsätze der Kostenorientierung, Verständlichkeit, Ausgewogenheit und Langfristigkeit der Tarife. Versorgungsbedürfnissen der Kunden ist in wirtschaftlich zumutbarem Maße Rechnung zu tragen. Das Tatbestandsmerkmal der wirtschaftlichen Zumutbarkeit ist dabei vollumfänglich gerichtlich überprüfbar.[9] Dabei sind u.a. auch die Pflichttarife zu berücksichtigen, die von anderen EVU mit vergleichbaren Versorgungsverhältnissen angeboten werden. Hierdurch wird die zunächst rein kostenorientierte Betrachtung um einen Vergleichs- und Wettbewerbsaspekt ergänzt. Des Weiteren ermöglicht § 3 BTO-Elt eine Differenzierung der Preise nach Bedarfsarten (Haushaltsbedarf, landwirtschaftlicher oder gewerblicher, beruflicher, sonstiger Bedarf), wenn das Abnahmeverhalten von Kundengruppen unterschiedliche Kosten verursacht. Dabei ist die Kosten- und Erlöslage bei der Versorgung der einzelnen Bedarfsarten besonders zu berücksichtigen.[10]

Zeitlich gesehen ist im aufsichtsbehördlichen Genehmigungsverfahren die Kosten- und Erlöslage des zukünftigen Genehmigungszeitraums zugrunde zu legen, so dass jede Genehmigungsentscheidungen mit entsprechenden Prognoseunsicherheiten behaftet ist.

Die Preisgenehmigung wird nur erteilt, wenn und soweit das EVU die Erforderlichkeit der Preise in Anbetracht der gesamten Kosten- und Erlöslage nachweist. Maßstab ist eine elektrizitätswirtschaftlich rationelle Betriebsführung. Hält die Behörde hiernach Kosten für vermeidbar, so obliegt der Behörde insofern eine entsprechende Darlegungs- und Beweispflicht. Liegen die rechtlichen Voraussetzungen vor, hat das EVU einen Anspruch auf Genehmigungserteilung; ein Ermessensspielraum der Behörde besteht nicht. Mit der überwiegenden Meinung sind darüber hinaus auch keine Beurteilungs- oder Prognosespielräume der Genehmigungsbehörde anzuerkennen, da hierdurch im Ergebnis ungewollte behördliche Preissetzungsspielräume eröffnet würden.[11]

2. Rechtsmittel gegen Genehmigungsentscheidungen
Im Tarifgenehmigungsverfahren stehen sich EVU und Genehmigungsbehörde gegenüber. Entscheidungen von Genehmigungsbehörden nach der BTO-Elt fallen in die gerichtliche Zuständigkeit der Verwaltungsgerichtsbarkeit. Hierdurch unterscheiden sie sich von den Netznutzungsentgeltgenehmigungsentscheidun-

---

[8] § 1 Abs. 1 EnWG enthält dabei mit den Zielen der Sicherheit, Preisgünstigkeit, Verbraucherfreundlichkeit, Effizienz und Umweltverträglichkeit der leitungsgebundenen Versorgung der Allgemeinheit mit Strom und Gas einen noch weiteren Zielkatalog.
[9] OVG Münster, RdE 1983, S. 238 (241).
[10] § 12 Abs. 2 S. 2 BTO-Elt.
[11] Schäfer, in: Bartsch/ Röhling/ Salje/ Scholz (Hrsg.), Stromwirtschaft, Kap. 63, Rn. 57 f. mit weiteren Nachweisen.

gen nach § 23a EnWG, deren Überprüfung nunmehr den Zivilgerichten (Zuständigkeit der Oberlandesgerichte) zugewiesen ist.

Wird eine nicht vollständig erteilte BTO-Elt-Genehmigung vom EVU mit Erfolg gerichtlich angegriffen, so können etwaig entstandene Mindererlöse nur durch höhere Tarife in der Zukunft ausgeglichen werden.[12] Eine Klagebefugnis von Tarifkunden gegen die dem EVU erteilte Tarifgenehmigung besteht hingegen nicht. Grund hierfür ist insbesondere, dass das Tarifgenehmigungsverfahren nicht dem Individualrechtsschutz einzelner Betroffener, sondern allein dem öffentlichen Interesse an einer funktionsgerechten Tarifbildung dient; dieser gruppenbezogene Interessenausgleich erfordert gruppenorientierte, nicht individuelle Kalkulationen.[13] Zudem betreffen BTO-Elt-Genehmigungen nicht unmittelbar das Verhältnis zwischen EVU und Tarifkunden, sondern bedürfen einer privatrechtlichen Umsetzung im Rahmen des zivilrechtlichen Rechtsverhältnisses zwischen EVU und Tarifkunden nach Maßgabe des jeweiligen Versorgungsvertrages.[14] Dabei werden die genehmigten Tarifpreisregelungen erst durch vertragliche Vereinbarungen zu Bestandteilen des Stromliefervertrags mit dem Tarifkunden. Tarifänderungen werden gemäß § 4 Abs. 2 AVBEltV durch öffentliche Bekanntmachung wirksam.[15] Das Nichtvorliegen einer öffentlich-rechtlichen Klagebefugnis gegen die BTO-Elt-Genehmigungserteilung schließt nach Ansicht des BVerwG[16] und des BGH[17] aber nicht die inhaltliche Kontrolle der Tariferhöhungen im Zivilrechtsweg gemäß § 315 BGB aus; allerdings wird vom BGH anerkannt, dass die BTO-Elt-Genehmigung „ein gewisses Indiz für die Billigkeit der Tarife" im Rahmen der Prüfung nach § 315 BGB liefert.[18]

3. (Zukünftige) Bedeutung der BTO-Elt-Strompreisgenehmigung

Das Vorab-Tarifgenehmigungsverfahren ist zwar derzeit (noch) in § 12 BTO-Elt geregelt, jedoch wurde bereits in der Vergangenheit in Anbetracht des sich entwickelnden Wettbewerbs auf dem Strommarkt die Forderung erhoben, präventive Genehmigungsverfahren für Stromtarife abzuschaffen und diese – wie im Gasbereich auch – der allgemeinen kartellrechtlichen Missbrauchsaufsicht zu unterstellen.[19] Mittlerweile ist gesetzlich entschieden, dass die BTO-Elt am 01.

---

[12] Schäfer, in: Bartsch/ Röhling/ Salje/ Scholz (Hrsg.), Stromwirtschaft, Kap. 63, Rn. 69.

[13] BVerwG, RdE 1994, S. 230 (231); vgl. auch Lukes, BB 1985, 2258 (2264, 2265).

[14] BVerwG, RdE 1994, S. 230 (231).

[15] Zu im Einzelnen bestehenden Rechtsverhältnissen vgl. BVerwG, RdE 1994, S. 230 ff.

[16] BVerwG, a.a.O, S. 232.

[17] Vgl. BGH, MVV gegen Lichtblick, Urteil vom 18.10.2005, KZR 36/04, S. 11; BGH, NJW 2005, 2919 (2920); BGHZ 115, 311 (317 f.); BGH NJW-RR 1992, 183 (185).

[18] BGH, MVV gegen Lichtblick, ebenda; BGH, NJW 2005, 2919 (2923); zur Legitimation der Billigkeitskontrolle Rott, WuM 2005, 423 (430).

[19] Zur langjährigen politischen Diskussion s. u.a. die Entschließung des Bundesrates vom 4.2.2000, BR-Drucksache 775/ 77.

64

Juli 2007 außer Kraft treten wird, so dass es das BTO-Elt-Tarifgenehmigungs-verfahren nur noch bis dahin geben wird.[20]

IV. Die kartellrechtliche Missbrauchsaufsicht über die Energiewirtschaft

Die kartellrechtliche Missbrauchskontrolle durch die Kartellbehörden über die Energiepreise nach §§ 19, 20 des „Gesetzes gegen Wettbewerbsbeschränkun-gen" (GWB) gewinnt daher zukünftig an Bedeutung. Die kartellbehördlichen Befugnisse im Rahmen der Missbrauchsaufsicht beschränken sich nach der ge-setzlichen Konzeption auf eine bloß repressive, d.h. nachträgliche kartellbehörd-liche Verhaltenskontrolle. Sie greift nur in begründeten Einzelfällen, in denen die Kartellbehörden individuelles missbräuchliches Verhalten eines Energiever-sorgungsunternehmens aufgreift. Anders als bei der Genehmigungspflicht für Stromtarifpreise findet bei der Missbrauchsaufsicht damit keine flächendecken-de Kontrolle statt; es existiert keine (präventive) kartellrechtliche Genehmi-gungspflicht für Energiepreise.

Inhaltlich kann sich dabei nicht die Art der Preisfindung als solche, sondern nur deren Ergebnis als Missbrauch einer marktbeherrschenden Stellung darstellen.[21] Vor diesem Hintergrund besteht schon grundsätzlich kein Bedürfnis der Kartell-behörden, dem Energieversorgungsunternehmen eine bestimmte Kalkulations-methode vorzuschreiben.

Der Gesetzgeber hat in § 19 Abs. 4 GWB vier Missbrauchstatbestände typi-siert.[22] Dabei war der Tatbestand der Verweigerung des Netzzugangs (§ 19 Abs. 4 Nr. 4 GWB) zunächst von großer Bedeutung auch im Energiebereich, be-sitzt aber aufgrund der Spezialregelung für den Netzbereich in § 30 Abs. 1 Nr. 5 EnWG heute keine Relevanz mehr.[23] Vielmehr hat im Rahmen der kartellrecht-lichen Überprüfung von Energiepreisen heute nur noch der sog. Ausbeutungs-missbrauch (§ 19 Abs. 4 Nr. 2 GWB) maßgebliche Bedeutung. Zielrichtung des Ausbeutungsmissbrauch ist der Schutz der Marktgegenseite, also der Kunden,

---

[20] Vgl. zum Außerkrafttreten der BTO-Elt Art. 5 des Zweiten Gesetzes zur Neuregelung des Energiewirtschaftsrechts vom 7. Juni 2005, BGBl. I vom 12.7.2005.
[21] BGH, MVV gegen Lichtblick, Urteil vom 18.10.2005, KZR 36/04, S. 14 f.; einzelnen Preisbildungsfaktoren kann nach dem BGH lediglich in besonderen Konstellationen indizielle Wirkung zukommen. So könne z.B. der Ansatz einer Mehrheit von Preisbildungsfaktoren, von denen anzunehmen ist, dass auf ihrer Grundlage kalkulierte Preise durch das Energie-versorgungsunternehmen bei wirksamen Wettbewerb auf dem Markt nicht durchgesetzt werden könnten, ein Indiz dafür sein, dass der sich hieraus ergebene Preis missbräuchlich überhöht ist.
[22] Hier nicht thematisierte Tatbestände sind der Behinderungsmissbrauch (§ 19 Abs. 4 Nr. 1 GWB) und der Strukturmissbrauch (§ 19 Abs. 4 Nr. 3 GWB).
[23] § 19 Abs. 4 Nr. 4 GWB ist Ausdruck der „Essential facilities doctrine" der 6. GWB-Novelle im Jahre 1998.

insbesondere vor zu hohen Preisen. Ein Missbrauch liegt hiernach vor, wenn ein marktbeherrschendes Unternehmen als Anbieter oder Nachfrager einer bestimmten Art von Waren oder gewerblichen Leistungen Entgelte oder sonstige Geschäftsbedingungen fordert, die von denjenigen abweichen, die sich bei wirksamem Wettbewerb mit hoher Wahrscheinlichkeit ergeben würden. Hierbei sind insbesondere die Verhaltensweisen von Unternehmen auf vergleichbaren Märkten mit wirksamem Wettbewerb zu berücksichtigen.

1. Marktbeherrschung

Nach § 19 Abs. 2 GWB ist ein Unternehmen marktbeherrschend, soweit es ohne Wettbewerb ist (Monopol), keinem wesentlichen Wettbewerb ausgesetzt ist (Quasi-Monopol) oder im Verhältnis zu Wettbewerbern eine überragende Marktstellung besitzt. Im Einzelnen ist dabei die Bestimmung der *sachlich* und *räumlich relevanten Märkte* näher zu beleuchten, denn je enger diese Marktabgrenzungen ausfallen, um so eher wird eine marktbeherrschende Stellung anzunehmen sein.

Bezogen auf den Energiebereich differenziert das Bundeskartellamt zwischen den sachlich relevanten Märkten für Weiterverteiler, für größere leistungsgemessene Kunden und für nicht leistungsgemessene Haushaltskunden und kleine Gewerbekunden.

Bei der Bestimmung der räumlich relevanten Energiemärkte kommt heute eine europaweite, eine nationale oder eine nur regionale Marktabgrenzung in Betracht. Das Bundeskartellamt hat für den Kleinkundenbereich sowohl im Strom als auch im Gas derzeit deutlich die Tendenz zu einer regionalen Abgrenzung. Hierbei erfolgt regelmäßig eine Orientierung an der räumlichen Ausdehnung des bisherigen regionalen Netzgebiets des regionalen Netzbetreibers. Denn zumindest nach Ansicht des Bundeskartellamtes rechtfertigt der aktuelle Stand z.B. der Gasmarktöffnung und das tendenziell begrenzte Auftreten von Wettbewerbern noch eine enge Marktabgrenzung.

Folgende weitere Abgrenzungen sind beispielhaft zu nennen: Eine nationale Marktabgrenzung wird vom Bundeskartellamt angenommen für den Strommarkt der Belieferung von Wiederverkäufern / Händlern und Weiterverteilern / Stadtwerken, den Strommarkt der Belieferung von leistungsgemessenen Großverbrauchern / Industriekunden, den Stromhandelsmarkt und den Gasmarkt für die Belieferung von Weiterverteilern. Eine regionale Marktabgrenzung wird vom Bundeskartellamt angenommen für den Strommarkt der Belieferung von Kleinverbrauchern / Lastprofilkunden („Rückfall" auf regionale Abgrenzung, nachdem zwischenzeitlich eine bundesweite Abgrenzung angenommen wurde). Eine regionale Abgrenzung erfolgt derzeit ebenfalls noch für den Gasmarkt für die Belieferung von Endkunden (Haushalts- und kleine Gewerbekunden und Industriekunden).

Inwieweit die weitere Wettbewerbsentwicklung auf den Strom- und Gasmärkten zu einem Überdenken der bisherigen Marktdefinitionen führt, bleibt abzuwarten. So werden beispielsweise die Kartellbehörden und Gerichte in ihre künftige Bewertung mit einbeziehen müssen, dass mit Wirkung zum 1.10.2006 ein neues Gasnetzzugangssystem in Kraft treten wird.

§ 19 Abs. 4 Nr. 2 GWB fordert des Weiteren eine *missbräuchliche Ausnutzung* dieser *marktbeherrschenden Stellung*. Dies ist der Fall, wenn überhöhte, nicht „wettbewerbsanaloge" Energiepreise von EVU gefordert werden.

2. Wettbewerbsanaloger Preis
Der wettbewerbsanaloge oder auch als „Als-Ob-Wettbewerbspreis" bezeichnete Preis ist derjenige Preis, den das zum Vergleich herangezogene Unternehmen in Rechnung stellen müsste, wenn es an Stelle des untersuchten EVU in dessen Gebiet tätig würde (Vergleichsmarktkonzept). Hiernach ist ein Preisverhalten missbräuchlich, wenn es bei wirksamem Wettbewerb nicht durchgesetzt werden könnte und die Abweichung erheblich ist; Maßstab ist also der hypothetische Wettbewerb.

3. Geeignete Vergleichsmärkte und Vergleichsunternehmen
Die Vergleichsunternehmen müssen auf Märkten verwandter Waren oder Leistungen tätig sein, die dem Markt, um den es geht, möglichst nahe stehen. Die Vergleichsmärkte müssen geeignete und ausreichend sichere Vergleichsinformationen liefern.

Grundsätzlich sind im Rahmen des Vergleichs mehrere Vergleichsunternehmen zu berücksichtigen. In Ausnahmefällen kann aber auch die Heranziehung nur eines Vergleichsunternehmens ausreichen.[24] Voraussetzung dafür ist, dass trotz der schmalen Vergleichsbasis eine Vergleichbarkeit der Preise gewährleistet ist. Dazu müssen die Verhältnisse der beiden Unternehmen sowie deren Auswirkungen auf den hieraus resultierenden Preis analysiert werden. Durch die Einbeziehung von Sicherheitszu- und -abschlägen auf den ermittelten wettbewerbsanalogen Preis können Unsicherheiten aufgrund der schmalen Vergleichsbasis und Verzerrungen ausgeglichen werden. Dabei dürfen ausschließlich strukturelle Faktoren einbezogen werden, die jeder andere Energieanbieter in diesem Gebiet ebenfalls hätte. Aus diesem Grunde entfallen individuelle, durch Unternehmensentscheidungen beeinflussbare Umstände, wie zum Beispiel Größe, Finanzkraft, Ressourcen, Umsatz des Unternehmens. Eine Schätzung von Zu- und Abschlä-

---

24 BGH, Stadtwerke Mainz, Beschluss vom 28.06.2005, Az.: KVR 17/04, S. 12; vgl. bereits BGHZ 76, S. 142 (150) - Valium II.

gen ist dabei nach Auffassung des BGH[25] nur in begrenztem Umfang zulässig; jedenfalls darf die Ermittlung des wettbewerbsanalogen Preises nicht überwiegend auf geschätzten Zu- und Abschlägen beruhen.

4. Erhebliche Preisabweichung erforderlich

Weiterhin ist nach Auffassung des Bundesgerichtshofs nicht jede noch so geringe Preisabweichung als missbräuchlich zu qualifizieren.[26] Vielmehr ist ein „erheblicher" Preisabstand zwischen untersuchtem EVU und dem Vergleichsunternehmen erforderlich. Die Höhe dieses Erheblichkeitszuschlags ist strittig: So geht das Bundeskartellamt bei seinen Vorermittlungen im Gasbereich nach wie vor von einer Erheblichkeitsgrenze von 5% aus. Der BGH hat in der Stadtwerke Mainz Entscheidung einen vom OLG Düsseldorf als Vorinstanz in Ansatz gebrachten Erheblichkeitszuschlag von (mindestens) 5% nicht beanstandet.[27] Das OLG Düsseldorf in Sachen TEAG vom 11.02.2004 und des OLG München in Sachen Gemeinde Kaufering vom 17.11.2005 gehen davon aus, dass im Netzbereich ein Preisabstand zum kalkulatorischen Mindestpreis von unter 10% für die Feststellung einer erheblichen, auf den Missbrauch einer marktbeherrschenden Stellung hindeutenden Preisüberhöhung nicht ausreiche.[28]

Die vorgenannten Entscheidungen des BGH und der Oberlandesgerichte Düsseldorf und München beziehen sich auf die Entgeltkontrolle im Netzmonopolbereich. Monopolistisch geprägte Netzentgelte müssen dabei strengeren Maßstäben unterliegen, als wettbewerblich gebildete Energiepreise. Dies bringt auch der BGH zum Ausdruck, in dem er dem Tatrichter die Möglichkeit eröffnet, bei der Bemessung „den Umstand, dass der sachliche Markt von einer natürlichen Monopolsituation geprägt ist, in der Weise zu berücksichtigen, dass ein Missbrauch bereits bei einem geringeren Zuschlag bejaht werden kann, als er unter normalen Marktgegebenheiten erforderlich ist."

Inwieweit diese Rechtsprechung Einfluss auf die künftige Bemessung des Erheblichkeitszuschlags durch das Bundeskartellamt haben wird, bleibt abzuwarten. Wünschenswert wäre, dass das Bundeskartellamt infolge der o. g. Rechtsprechung zukünftig an einem 10%igen Erheblichkeitsabstand anknüpft.

---

[25] BGH, Stadtwerke Mainz, ebenda, S. 11.

[26] BGH, Stadtwerke Mainz, ebenda, S. 15; BGHZ 142, S. 239 (247, 251 f.) – Flugpreisspaltung; R. Fischer, ZGR 1978, 235 (248).

[27] OLG Düsseldorf, Stadtwerke Mainz, Beschluss v. 17.3.2004 (nicht rechtskräftig), Az. VI – Kart 18/03 (V), S. 11: „Der Höhe nach ist insoweit ein Zuschlag von wenigstens 5% geboten".

[28] OLG München, Kaufering, Urteil v. 17.11.2005, Az. U (K) 3325/96, S. 15; OLG Düsseldorf, TEAG, WuW/E DE-R 1239 (1246).

68

5. Zulässigkeit von Erlösvergleichen und der Festsetzung von Erlösobergrenzen

Weiterhin sind die Kartellbehörden im Rahmen des § 19 Abs. 4 Nr. 2 GWB nicht auf einen bloßen Entgeltvergleich beschränkt.[29] Vielmehr kommt nach dem BGH im Einzelfall auch ein Erlösvergleich in Betracht, so z. B. im Netzbereich ein Vergleich der je Kilometer Leitungslänge erzielten Erlöse des Vergleichsunternehmens mit den entsprechenden Erlösen des durch den Missbrauchsvorwurf belasteten Unternehmens. Dabei soll es den Kartellbehörden unter engen Voraussetzungen auch möglich sein, selbst eine statische Erlösobergrenze festzulegen, die sämtliche oberhalb dieser Grenze liegenden Preisgestaltungen des Unternehmens erfasst. Dies kann beispielsweise durch eine kartellbehördliche Festlegung des Gesamtvolumens der erforderlichen Erlösreduzierungen geschehen.[30] Jedoch muss es aufgrund der Preisgestaltungsfreiheit des EVU allein in dessen Entscheidung liegen, auf welche Weise es unter Berücksichtigung seines Tarifspielraums ihm aufgegebene Erlösobergrenzen einhält.[31]

6. Abstellen von Verstößen

Liegt ein Verstoß vor, so stehen der Kartellbehörde verschiedene Handlungsmöglichkeiten zur Verfügung. In Betracht kommen zunächst einvernehmliche Verhandlungslösungen/Verpflichtungszusagen (§ 32b GWB), die Kartellbehörden und Unternehmen in die Lage versetzen, langwierige förmliche Kartellverfahren zu vermeiden, die oftmals erst nach Jahren durch eine rechtskräftige gerichtliche Entscheidung ihren Abschluss finden. Das Spektrum und die Reichweite einvernehmlicher Abhilfemaßnahmen ist dabei weit und muss in jedem Einzelfall zwischen der Kartellbehörde und dem betroffenen Unternehmen geklärt werden. Kommen derartige Verpflichtungszusagen nicht in Betracht, so bleibt allein die Durchführung eines förmlichen Verfahren gemäß § 32 GWB. Relevanz kommt insofern der Möglichkeit zur Abschöpfung der durch einen Verstoß erlangten wirtschaftlichen Vorteile gemäß § 34 GWB zu. Die behördlichen Sanktionsmöglichkeiten werden dabei durch etwaige Unterlassungs- und Schadensersatzansprüche flankiert, die dem durch den Missbrauch Beeinträchtigten gegebenenfalls nach § 33 GWB zustehen.[32]

V. Zusammenfassung

Die Kontrolle von Preisen und Entgelten in der Energiewirtschaft in Deutschland findet wie folgt statt:

---

[29]   BGH, Stadtwerke Mainz, ebenda, S. 6 ff.
[30]   BGH, ebenda, S. 6.
[31]   BGH, ebenda, S. 10; BGHZ 67, 104 (109); aufgrund dieser Preisgestaltungsfreiheit des EVU kommt nach dem BGH entsprechenden Erlösobergrenzen auch keine preisregulierende Wirkung zu.
[32]   Vgl. BGH, Telekom/ AOL, Urteil v. 30.3.2004, Az. KZR 1/03, S. 7 f. zur Reichweite der Anspruchsberechtigung.

Die Kontrolle der allgemeinen Stromtarife erfolgt zunächst weiter im Stromta-rifgenehmigungsverfahren gemäß § 12 BTO-Elt. Im Rahmen der Novellierung des Energiewirtschaftsrechts im Jahre 2005 hat der Gesetzgeber entschieden, dass die BTO-Elt am 01. Juli 2007 außer Kraft treten wird, so dass es das BTO-Elt-Tarifgenehmigungsverfahren auch für Stromtarife nur noch bis zu diesem Zeitpunkt geben wird.

Nach dem 1. Juli 2007 werden die Tarifpreise für Strom – ebenso wie die Gaspreise – keiner energiebehördlichen Vorab-Genehmigung mehr unterliegen, sondern allein der Missbrauchskontrolle durch die Kartellbehörden nach den §§ 19, 20 GWB unterworfen sein.

Abweichend hiervon werden die Strom- und Gasnetzentgelte seit Inkrafttreten des EnWG 2005 nunmehr im Wege der Vorab-Genehmigung durch die Bundes-netzagentur bzw. die Landesregulierungsbehörden genehmigt.

Die im Zuge der Europäisierung des Wettbewerbsrechts eingeführte Möglichkeit „gestaltender Verhandlungslösungen" durch Verpflichtungszusagen (§ 32b GWB) wird als Chance zur Erreichung einvernehmlicher Lösungen mit den Kar-tellämtern begrüßt.

b) Staatliche Regulierung der Tarife für die Elektrizität (Wärme) in der Russischen Föderation

Anna V. Isotowa

I. Das System der normativen Rechtsakte über die staatliche Regulierung der Tarife für Elektrizität (Wärme)

1. Die Rechtsgrundlage für die Preisregulierung in der Russischen Föderation stellt die Verfassung der Russischen Föderation dar. Gemäß Art. 71 der Verfassung gehört die Preispolitik zur ausschließlichen Zuständigkeit der Föderation. In der russischen Gesetzgebung wird der Begriff Grundlagen der Preispolitik nicht definiert, jedoch ergibt sich aus der Anwendungspraxis, dass nur die Föderation normative Rechtsakte auf dem Gebiet der Preisfestsetzung erlassen darf. Die Föderationssubjekte sind nicht berechtigt, Rechtsakte über die Preisregulierung zu erlassen. Diese Regel ist auch auf die staatliche Regulierung der Tarife für Elektrizität und Wärme anzuwenden.

2. Die staatliche Regulierung der Preise für Elektrizität (Wärme) beruht auf dem Föderalgesetz Nr. 41-FZ „Über die staatliche Regulierung der Tarife für Elektrizität und Wärme in der Russischen Föderation" vom 14. April 1995.[1] Im Gesetz sind die Grundsätze der Preisregulierung in der Elektrizitätswirtschaft, die Kalkulationsgrundlagen und die Befugnisse der Regulierungsorgane bei der Festsetzung der Preise (Tarife) festgelegt.
Einer der wichtigsten Aspekte der derzeitigen Reform der Elektrizitätswirtschaft stellt die Reform der Rechtsgrundlagen dar. 2003 wurde eine Reihe von Föderalgesetzen im Zusammenhang mit der Reform der Energiewirtschaft verabschiedet. Das grundlegende Gesetz ist hierbei das Föderalgesetz Nr. 35-FZ „Über die Elektrizitätswirtschaft" vom 26. März 2003, in dessen Kapitel 5 die staatliche Regulierung und Kontrolle in der Elektrizitätswirtschaft thematisiert wird. Die Vorschriften dieses Gesetzes finden auf die staatliche Regulierung von Preisen (Tarifen) für Elektrizität und Wärme insofern Anwendung, als sie nicht durch die Spezialgesetzgebung über die staatliche Regulierung der Tarife für Elektrizität und Wärme geregelt sind.
Ein weiteres wichtiges Gesetz betreffend staatliche Regulierung der Tarife in der Elektrizitätswirtschaft ist das Föderalgesetz Nr. 28-FZ „Über die Energieeinsparung" vom 3. April 1996, wonach ermäßigte Tarife für Elektrizität und Wärme festgesetzt werden können, wenn Verbraucher und Energieerzeuger Energie sparen.

---

[1] Das Gesetz wird nach dem Abschluss der Übergangsphase der Elektrizitätswirtschaftsreform außer Kraft treten.

3. Die Erlasse des Präsidenten der Russischen Föderation über die Regulierung der Tarife betreffen überwiegend die einzelnen Aspekte der Festsetzung (so z.b. der Erlass des Präsidenten der Russischen Föderation Nr. 221 „Über die Maßnahmen zur Vereinheitlichung der staatlichen Regulierung der Preise (Tarife)" vom 28. Februar 1995, der Erlass des Präsidenten der Russischen Föderation Nr. 1451 „Über zusätzliche Maßnahmen zur Begrenzung der Erhöhung von Preisen (Tarifen) für die Erzeugnisse (Dienstleistungen) der natürlichen Monopole und zur Schaffung von Voraussetzungen für die Stabilisierung der Industrie" vom 17. Oktober 1996).

4. Ca. zehn Verordnungen der Regierung der Russischen Föderation betreffend die Regulierung der Tarife für die Elektrizität (Wärme) wurden erlassen. Grundlegend ist die Regierungsverordnung Nr. 109 „Über die Preisbildung für Elektrizität und Wärme in der Russischen Föderation" vom 26. Februar 2004, durch die das Verfahren bei der Festsetzung der Tarife durch die Regulierungsorgane bestimmt wurde.

Ferner wurden Regierungsverordnungen betreffend die Kontrolle über die Exekutivorgane der Föderationssubjekte im Zusammenhang mit der Ausübung der Befugnisse hinsichtlich der Tarifregulierung erlassen.

5. Auf der Ebene der Ministerien und Behörden werden grundsätzlich methodische Anleitungen über die Kalkulationsgrundlage der Tarife sowie normative Rechtsakte über die Ausübung der Kontrolle durch Regulierungsorgane verfasst. Gemäß dem Föderalgesetz „Über die staatliche Regulierung der Tarife" ist ausschließlich der Föderale Tarifdienst befugt, solche Rechtsakte zu erlassen. Der Föderale Tarifdienst erlässt auch Verwaltungsakte (Bescheide über die Preisfestsetzung).

II. Staatsorgane, die für die staatliche Regulierung von Tarifen zuständig

1. Die Regierung der Russischen Föderation bereitet die Maßnahmen zur Umsetzung einer einheitlichen Preispolitik vor und ergreift sie. Zur Ausübung dieser Befugnisse bestätigt die Regierung die Grundlagen der Preisbildung und legt das Verfahren für die Tarifregulierung fest.

2. Der Föderale Tarifdienst ist das föderale Exekutivorgan, das für die Regulierung der Tarife zuständig ist. Abgesehen von der Festsetzung der Tarife ist er befugt, zwingende methodische Anleitungen zu erlassen (Ziff. 2.5.1 der Regierungsverordnung Nr. 332 über den Föderalen Tarifdienst vom 30. Juni 2004).

3. Die Exekutivorgane der Föderationssubjekte sind befugt, Tarife auf dem Elektrizitäts-(Wärme)markt für Endabnehmer zu regulieren.

4. Die Organe der örtlichen Selbstverwaltung sind nicht befugt, Tarife für Elektrizität zu regulieren. Auf sie können jedoch die Befugnisse zur Regulierung der Tarife für Wärme übertragen werden, wenn die Wärme nicht durch Kraft-Wärme-Kopplung in einem Kraftwerk erzeugt wird und unmittelbar aus Wärmequellen gewonnen wird, aus denen die Wärme an Endverbraucher innerhalb einer Gebietskörperschaft geliefert wird.

III. Das Zusammenwirken der Regulierungsorgane

Das Zusammenwirken zwischen dem föderalen Exekutivorgan für Tarifregulierung und den Exekutivorganen der Föderationssubjekte ist durch die Gesetzgebung über die staatliche Tarifregulierung, u. a. durch das Föderalgesetz „Über die staatliche Tarifregulierung", Regierungsverordnungen über die Beilegung von Meinungsverschiedenheiten und über die Aufhebung der Entscheidungen der Exekutivorgane der Föderationssubjekte,[2] bestimmt.

1. Das föderale Exekutivorgan für die Tarifregulierung (derzeit der Föderale Tarifdienst) kann die Entscheidungen der Exekutivorgane im Zusammenhang mit der Tarifregulierung effektiv kontrollieren. Zu diesem Zweck wurden ihm die folgenden Befugnisse verliehen:

- Aufhebung der Entscheidungen der Exekutivorgane der Föderationssubjekte über die Bestätigung der Tarife für Elektrizität und Wärme, wenn die Exekutivorgane der Föderationssubjekte hierbei die ihnen durch die Gesetzgebung der Russischen Föderation über die Elektrizitätswirtschaft verliehenen Befugnisse überschritten haben
- Beilegung von Meinungsverschiedenheiten im Zusammenhang mit der Tarifregulierung zwischen den Exekutivorganen der Föderationssubjekte, Unternehmen, die die zu regulierenden Tätigkeitsarten ausüben, und den Verbrauchern und Erlassen von zwingenden Entscheidungen
- Erteilung von Weisungen an die Exekutivorgane der Föderationssubjekte und die Organe der örtlichen Selbstverwaltung im Zusammenhang mit der Bestimmung (Festsetzung) von Preisen (Tarifen) und der Kontrolle über die Bestimmung (Festsetzung) von Preisen (Tarifen) und die Anwendung von Preisen (Tarifen) gemäß der Gesetzgebung über die Elektrizitätswirtschaft und über die natürlichen Monopole.

---

2 Regierungsverordnung Nr. 674 „Über das Verfahren zur Beilegung von Meinungsverschiedenheiten zwischen den Exekutivorganen der Föderationssubjekte, Unternehmen, die die zu regulierenden Tätigkeitsarten ausüben, und den Verbrauchern" vom 5. November 2003; Regierungsverordnung Nr. 123 „Über die Bestätigung der Regeln hinsichtlich der Aufhebung der Entscheidungen von Exekutivorganen der Föderationssubjekte im Zusammenhang mit der Tarifregulierung sowie der Entscheidungen der Organe der örtlichen Selbstverwaltung, die aufgrund der Delegierung der Befugnisse auf staatliche Regulierung der Tarife für Wärme getroffen wurden" vom 3. März 2004.

2. Das Exekutivorgan des Föderationssubjekts ist verpflichtet:

- die normativen Rechtsakte der Föderation zu befolgen
- seine Entscheidungen mit dem föderalen Exekutivorgan für Tarifregulierung abzustimmen, wenn der von der Föderation bestimmte Höchstsatz der Tarife überschritten wird;
- die Amtseinsetzung und Amtsenthebung des Leiters des Exekutivorgans des Föderationssubjekts für Tarifregulierung mit dem föderalen Exekutivorgan für Tarifregulierung abzustimmen.

IV. Grundlagen des Verfahrens der Tariffestsetzung für Elektrizität (Wärme)

Die Reform der Elektrizitätswirtschaft in Russland hat zum Ziel, die staatliche Regulierung der Preise für Elektrizität abzuschaffen. Jedoch ist derzeit zu beobachten, dass die Staatspolitik im Zusammenhang mit der Preisbildung für Elektrizität restriktiver geworden ist.

1. Die Tariffestsetzung durch die Exekutivorgane der Föderationssubjekte (im folgenden - Regulierungsorgane der Föderationssubjekte) ist durch die von dem Föderalen Tarifdienst bestimmten Mindest- und Höchstsätze begrenzt. Die Regulierungsorgane der Föderationssubjekte sind befugt, die Entscheidung über die Festsetzung der Tarife unter dem Mindest- oder über dem Höchstsatz zu treffen, wenn dies mit dem föderalen Regulierungsorgan abgestimmt worden ist.

2. Es ist besonders hervorzuheben, dass alle Tarife zu Beginn des Finanzjahres in Kraft gesetzt werden und die Tarifregulierung sowohl in der Föderation als auch in den Föderationssubjekten im Zusammenhang mit der Vorbereitung und der Verabschiedung der jeweiligen Haushalte steht.

3. Eine Tarifänderung während des Finanzjahres ist erst nach der Änderung des jeweiligen Haushaltsgesetzes möglich.

4. Die Fristen für die Tariffestsetzung und Vorlage sind in den Grundlagen der Preisbildung vorgegeben

Wenn Unternehmen, die die zu regulierende Tätigkeitsart ausüben, während der Abrechnungszeitraums wirtschaftlich begründete Ausgaben hatten, die bei der Festsetzung der Tarife (Preise) nicht berücksichtigt wurden, unter anderem Ausgaben im Zusammenhang mit einer objektiven und nicht geplanten Preiserhöhung für Brennstoffe, die während des Abrechnungszeitraums verwendet wurden, werden diese Ausgaben (einschließlich der Zinsen für Darlehen zur Deckung der fehlenden Mittel) von Regulierungsorganen bei der Festsetzung der Tarife (Preise) für den nächsten Regulierungszeitraum berücksichtigt.

V. Preisbildung

Die Preisbildung wird auf drei verschiedenen Märkten vollzogen.

1. Preisbildung auf dem Markt für Endverbraucher

2. Preisbildung auf dem Markt für Großabnehmer
Bei der Regulierung der Preisbildung können folgende Methoden angewendet werden:
* die Methode der wirtschaftlich begründeten Ausgaben (Aufwendungen)
* die Methode der wirtschaftlich begründeten Rentabilität des investierten Kapitals
* die Methode der Anpassung der Tarife an die Inflation.
Derzeit wird grundsätzlich die Methode der wirtschaftlich begründeten Ausgaben (Aufwendungen) angewendet.

3. Dienstleistungen der natürlichen Monopole
Bereits im Erlass des Präsidenten der Russischen Föderation Nr. 221 „Über die Vereinheitlichung der staatlichen Regulierung von Preisen (Tarifen)" vom 28. Februar 1995 wurde hervorgehoben, dass die staatliche Preisregulierung nur in Bezug auf die Erzeugnisse (Dienstleistungen) der natürlichen Monopole erforderlich ist.
Derzeit enthält jedoch der Katalog der Preisregulierung für Erzeugnisse und Dienstleistungen in der Elektrizitätswirtschaft viel mehr als die Dienstleistungen der natürlichen Monopole.
Die Tätigkeitsbereiche der natürlichen Monopole verändern sich im Laufe der Zeit. Ihre Veränderung kann durch die Marktsituation bedingt sein (Art. 4 des Föderalgesetzes „Über die natürlichen Monopole").
Es ist hervorzuheben, dass vor dem Inkrafttreten des Föderalgesetzes „Über die natürlichen Monopole" die Erzeugung von Elektrizität und Wärme gemäß dem Erlass des Präsidenten der Russischen Föderation Nr. 220 vom 28. Februar 1995 ebenfalls dem Tätigkeitsbereich der natürlichen Monopole zugeordnet wurde.
Derzeit gehören zum Tätigkeitsbereich der natürlichen Monopole die Durchleitung der Elektrizität und Wärme und die Steuerung und Verwaltung der Netze.
Gemäß der geltenden Gesetzgebung wird die Tätigkeit der natürlichen Monopole anhand von zwei Methoden reguliert:
1. Preisregulierung durch Festsetzung der Preise (Tarife) oder der Mindest- und Höchstsätze
2. Festlegung der Gruppe von Verbrauchern, deren Versorgung zwingend ist, und/oder die Festlegung des Mindestumfangs deren Versorgung.
Bisher wurde die Methode über die Festlegung der Verbrauchergruppe in der Praxis nicht angewendet.

Die derzeit anwendbaren Methoden der Regulierung der Tätigkeit der natürlichen Monopole ohne Zusammenhang mit der Festsetzung der Tarife sind die folgenden:
Regulierung des Zugangs zu Erzeugnissen (Dienstleistungen) der natürlichen Monopole

- Kontrolle über die Geschäfte, bei denen das Kapitalvermögen tangiert wird
- Regulierung (Abstimmung) von Investitionsprogrammen
- Vorschriften über die Veröffentlichung von Informationen
- Rechenschaftslegung gegenüber dem Regulierungsorgan.

VI. Verbleibender Anwendungsbereich für staatliche Regulierung
Nach dem Abschluss der Übergangsphase der Reform der Elektrizitätswirtschaft wird das Föderalgesetz über die staatliche Regulierung der Tarife außer Kraft treten, so dass der Katalog der zu regulierenden Tarife wesentlich eingeschränkt wird. Die folgenden Tätigkeitsarten in der Elektrizitätswirtschaft werden weiterhin reguliert werden:

- Dienstleistungen natürlicher Monopole
- Dienstleistungen zur Gewährleistung der Systemsicherheit
- Wärmeversorgung
- technischer Anschluss an Elektrizitätsnetze
- Preiszuschlag für den Vertrieb, der von Garantielieferanten erhoben wird.

Die staatliche Regulierung der Tarife kann ferner für folgende Preise eingeführt werden:

- Mindest- und/oder Höchstsätze der Preise für Elektrizität
- Preise (Tarife) für die Höchstleistung.

Eine solche Regulierung kann ausschließlich in den durch die föderale Gesetzgebung vorgesehenen Fällen und in einem durch die föderale Regierung bestimmten Verfahren eingeführt werden.

- Preise (Tarife) für Elektrizität und Wärme, die ohne Wettbewerb oder bei einem beschränkten Wettbewerb geliefert werden.

Das Verfahren bei solcher Regulierung wird durch die föderale Regierung festgelegt.

- beim Missbrauch der beherrschenden Marktstellung durch Elektrizitätserzeuger und –lieferanten;
- beim Notstand.

Die Kriterien und das Verfahren der Regulierung in solchen Fällen werden ebenfalls von der föderalen Regierung festgelegt.

VII. Kontrolle über die Preisbildung in der Russischen Föderation

Bekanntlich sollen die Rechtsnormen nicht nur regeln, sondern auch dem Rechtsschutz dienen. Der Rechtsschutz wird durch Aufstellung von Verboten und Sanktionen für die Verbotsverletzungen gewährt.

1. Gemäß Art. 6 des Föderalgesetzes Nr. 41 ist der Föderale Tarifdienst befugt, die Anwendung der staatlich regulierten Preise (Tarife) zu kontrollieren und in diesem Zusammenhang Prüfungen der Unternehmen, die die zu regulierenden Tätigkeitsarten ausüben, hinsichtlich der Begründetheit der Höhe und der Richtigkeit der Anwendung von Preisen (Tarifen) durchzuführen.

2. Auf Personen, die die Gesetzgebung über die staatliche Regulierung von Preisen (Tarifen) verletzt haben, werden verwaltungsrechtliche Sanktionen angewendet. Art. 14.6 des Föderalgesetzes über die Ordnungswidrigkeiten sieht verwaltungsrechtliche Haftung für die Überhöhung oder Herabsetzung der vom Staat zu regulierenden Preise und andere Verletzungen der Vorschriften über die Preisbildung vor.

3. Der Föderale Tarifdienst haftet gegenüber den Unternehmen für die nicht ordnungsgemäße Ausübung seiner Befugnisse.
Die Staatshaftung ist im Zivilgesetzbuch der Russischen Föderation (Art. 16 und 1069) geregelt. Gemäß Art. 16 des Zivilgesetzbuches ist der Schaden, der einer natürlichen oder juristischen Person durch gesetzwidrige Handlungen (Unterlassen) von Staatsorganen, Organen der örtlichen Selbstverwaltung oder deren Amtspersonen, einschließlich des Erlasses von Rechtsvorschriften und Verwaltungsakten ohne Ermächtigungsgrundlage in einem Gesetz oder einem anderen normativen Rechtsakt, verursacht wurde, von der Russischen Föderation, dem betreffenden Föderationssubjekt oder der Gebietskörperschaft zu ersetzen.

Praktische Probleme des diskriminierungsfreien Zugangs zu Elektrizitäts-netzen und Möglichkeiten zur Beilegung von Meinungsverschiedenheiten zwischen den Netzgesellschaften und den Verbrauchern

Julija P. Tschermentejewa

I. Strukturreform der Elektrizitätswirtschaft und deren Einfluss auf das Segment der Elektrizitätswirtschaft, das von natürlichen Monopolen beherrscht wird

2003 wurde ein Gesetzespaket verabschiedet, das die Änderung des Systems von wirtschaftlichen Beziehungen, die Umsetzung der Strukturreform der Elektrizitätswirtschaft, die Herstellung neuer wirtschaftlicher Beziehungen und die Entwicklung eines für den Wettbewerb offenen Elektrizitätsmarktes zum Ziel hatte.

Das Föderalgesetz Nr. 35-FZ „Über die Elektrizitätswirtschaft" vom 26. März 2003 hat einen genauen rechtlichen Rahmen für die Strukturreform vorgegeben, so dass eine schrittweise Einführung von marktwirtschaftlichen Mechanismen unter Beteiligung und Kontrolle des Staates ermöglicht wurde.

Ferner wurden Änderungen und Ergänzungen zum Zivilgesetzbuch der Russischen Föderation, zu Föderalgesetzen „Über die staatliche Regulierung von Tarifen für Elektrizität und Wärme in der Russischen Föderation" und „Über die natürlichen Monopole" usw. verabschiedet. Durch normative Rechtsakte wurden die Grundlagen des Marktes für Großabnehmer und der Märkte für Endverbraucher und die Struktur, Befugnisse und Grundlagen der Tätigkeit der die Märkte regulierenden Organe festgelegt.

Im Zuge der Reform wurde die Struktur der Elektrizitätswirtschaft grundlegend verändert: die Aufteilung nach Tätigkeitsarten ist erfolgt und die Gesellschaften für die Durchleitung und die Steuerung (Bereich der natürlichen Monopole) sowie für die Erzeugung und den Vertrieb der Elektrizität und für Wartung und Service (der potentielle Wettbewerbsbereich) gegründet. Die strukturellen Veränderungen der Elektrizitätswirtschaft sind in den Anlagen 1 und 2 zu diesem Beitrag dargestellt.

Seit dem 1. April 2006 ist es *verboten*, dass eine Gesellschaft gleichzeitig Durchleitung und Steuerung einerseits und Erzeugung und Vertrieb andererseits für juristische Personen und Einzelunternehmer übernimmt; nach dem Ende der Übergangsfrist wird es verboten sein, diese Dienstleistungen auch an Unternehmensvereinigungen und verbundene Unternehmen innerhalb einer Preiszone des Marktes für Großabnehmer zu erbringen (vgl. Art. 6 des Föderalgesetzes Nr. 36-FZ „Über die Besonderheiten der Elektrizitätswirtschaft während der Übergangsfrist und über die Änderungen zu einzelnen Gesetzgebungsakten der Russischen Föderation und Außerkraftsetzung einzelner Gesetzgebungsakte der Russischen Föderation im Zusammenhang mit der Verabschiedung des Föderalgesetzes „Über die Elektrizitätswirtschaft" vom 26. März 2003, im folgenden – ÜbergangsG) [1].

Somit wird die Elektrizitätsreform durch die Entstehung neuer juristischer Personen begleitet, die teilweise verschiedene, oft gegensätzliche Interessen auf dem Markt verfolgen. Bei der Regulierung deren Tätigkeit sind neue Mechanismen erforderlich, um die Sicherheit und Qualität der Elektrizitätsversorgung zu gewährleisten.

II. Über die Föderale Netzgesellschaft

Im Zuge der Entwicklung der Elektrizitätswirtschaft wurde ein Einheitliches Energiesystem Russlands gegründet, zu dem ein System von Elektrizitätsfernleitungen gehörte, das die meisten Regionen umfasste und eine Länge von 154.000 hatte, wobei die Leistung von deren Umspannwerken 321 MWA betrug.

Um dieses System zu erhalten, die einheitliche technische Steuerung zu gewährleisten und den unmittelbaren Anschluss aller russischer Regionen an das einheitliche nationale Elektrizitätsnetz (ENE) herzustellen, wurde 2002 auf der Grundlage der zur RAG „EES" gehörenden Fernleitungen die offene Aktiengesellschaft „Föderale Netzgesellschaft des Einheitlichen Energiesystems Russlands" (FNG EES) als Tochtergesellschaft mit 100%iger Beteiligung gegründet. Die Rechtsstellung, die Funktionen der FNG EES und die Grundlagen der Durchleitung durch das ENE sind unmittelbar im Elektrizitätswirtschaftsgesetz (Art. 8-10) festgelegt.

---

[1]   Dieser Artikel ist auf folgende Personen nicht anwendbar:
• Unternehmen, die in technisch isolierten Elektrizitätswirtschaftssystemen tätig sind, wenn in diesem Bereich kein Wettbewerb besteht oder Wettbewerb beschränkt ist;
• Unternehmen, die Elektrizität durchleiten und Elektrizitätssysteme steuern, nur um eigenen Bedarf zu decken;
• lokale Netzgesellschaften, wenn ihnen gemäß Art. 38 des Elektrizitätswirtschaftsgesetzes der Status des Garantielieferanten verliehen wurde.

(Der Text der Grafik kann nicht geändert werden. Daher wird unten eine Textübersetzung nach Zeilen angeführt – Anm. Übers.)

(*Überschrift*) Die Verwaltung des ENE
oAG „FNG EES"

Funktionen	Eigentum
1. Durchleitung der Elektrizität	1. Phase – 100%ige Tochtergesellschaft der RAG EES
2. Anschluss an das Netz	2. Phase – Aufteilung der Aktien zwischen dem Staat und anderen Aktionären
3. Leitung der überregionalen Fernleitungsnetzgesellschaften	3. Phase Beschränkung des Staatsanteils auf 75% + 1
4. Zusammenarbeit mit den lokalen Netzgesellschaften	

VERWALTUNG (*neben dem Pfeil*)

1. Dienstleistungen im Zusammenhang mit der Durchleitung	überregionale Fernleitungsgesellschaft = Tochtergesellschaft der FNG EES (mind. 50%+1 im Eigentum der FNG)

2. Dienstleistungen im Zusammenhang mit dem Anschluss
ENE (*im großen Kasten unten*)
Koordinierung der Entwicklungspläne (Vereinbarungen) (*neben dem Pfeil*)
Verteilungsgesellschaften (*im kleinen Kasten ganz unten*)

III. Über die staatliche Regulierung der Dienstleistungen im Zusammenhang mit der Durchleitung

Die Dienstleistungen im Zusammenhang mit der Durchleitung ist ein traditionel-
ler Bereich der natürlichen Monopole, den die staatlichen Organe durch die Bestimmung von Regeln für den Markt und die Festsetzung der Tarife für die
Dienstleistungen natürlicher Monopolisten regulieren.
Eine der Methoden der staatlichen Regulierung und Kontrolle in der russischen
Elektrizitätswirtschaft *ist die staatliche Regulierung von Preisen (Tarifen)* für
die einzelnen Waren (Dienstleistungen), deren Katalog durch Föderalgesetze bestimmt ist, und *die staatliche Antimonopolregulierung und –kontrolle*, ein-
schließlich der Einführung einheitlicher Regeln für den Netzzugang und Zugang
zu den Dienstleistungen im Zusammenhang mit der Durchleitung (Art. 20
Ziff. 2 des Elektrizitätswirtschaftsgesetzes).
Gemäß Art. 4 des Föderalgesetzes Nr. 147-FZ „Über die natürlichen Monopole"
vom 17. August 1995 gehören die Dienstleistungen im Zusammenhang mit der
Durchleitung der Elektrizität zum Bereich der natürlichen Monopole.
Die Festlegung der Regeln für den diskriminierungsfreien Zugang zu den
Dienstleistungen im Zusammenhang mit der Durchleitung der Elektrizität gehört
zu den ausschließlichen Zuständigkeiten der föderalen Regierung (Art. 21 Ziff. 1
des Elektrizitätswirtschaftsgesetzes).

IV. Über die Regeln für den diskriminierungsfreien Zugang zu den Dienstleistungen im Zusammenhang mit der Durchleitung der Elektrizität

Um die Entwicklung des Wettbewerbs auf dem Erzeugungs- und Vertriebsmarkt
der Elektrizität zu unterstützen und die Verbraucherrechte zu schützen, hat die
föderale Regierung auf der Grundlage der Art. 20, 21, 25 und 26 des Elektrizitätswirtschaftsgesetzes durch die Verordnung Nr. 861 vom 27. Dezember 2004
die Regeln für den diskriminierungsfreien Zugang zu den Dienstleistungen im
Zusammenhang mit der Durchleitung und für die Erbringung dieser Dienstleistungen (im folgenden – die Regeln)[2] bestätigt.
Gemäß Art. 26 Ziff. 3 des Elektrizitätswirtschaftsgesetzes enthalten die Regeln:
• Regeln für den Abschluss und die Erfüllung von Verträgen über die
  Erbringung der Dienstleistungen zur Durchleitung der Elektrizität, einschließlich der wesentlichen Bedingungen dieser Verträge (Abschnitt 2
  der Regeln)

---

[2] Die Verordnung der föderalen Regierung Nr. 861 „Über die Regeln für den diskriminie-
rungsfreien Zugang zur Durchleitung und über die Erbringung von Dienstleistungen zur
Durchleitung, die Regeln über den diskriminierungsfreien Zugang zu den Dienstleistungen
der Steuerung und über die Erbringung dieser Dienstleistungen und die Regeln über die
Dienstleistungen des Verwalters des Handelssystems des Marktes für Großabnehmer und die
Regeln für die Erbringung der Dienstleistungen" vom 27. Dezember 2004 (im folgenden – die
Regeln).

- Verfahren beim Zugang zu den Elektrizitätsnetzen bei einer beschränkten Durchleitungskapazität (Abschnitt III der Regeln)
- Verfahren bei der Festsetzung der Tarife für die Dienstleistungen im Zusammenhang mit der Durchleitung der Elektrizität unter Berücksichtigung der Nutzung der Durchleitungskapazitäten des Elektrizitätsnetzes (Abschnitt IV der Regeln)
- Verfahren bei der Veröffentlichung von Informationen über die Durchleitungsentgelte und über die Durchleitungskapazitäten von Elektrizitätsnetzen (Abschnitt VI der Regeln)
- Verfahren bei der Bearbeitung von Beschwerden und Anträgen im Zusammenhang mit der Gewährung des Netzzugangs und bei dem Erlass der entsprechenden Verwaltungsakte (Abschnitt VII der Regeln)
- Verfahren bei der Veröffentlichung von Informationen über die Durchleitungskapazitäten von Elektrizitätsnetzen und über die technischen Eigenschaften der Netze durch Netzgesellschaften gemäß den durch die föderale Regierung zu bestimmenden Standards (Abschnitt VI der Regeln)
- Verfahren bei der Feststellung der Spannungsverluste in Elektrizitätsnetzen und bei der Entschädigung für diese Verluste (Abschnitt V der Regeln).

V. Über den Abschluss von Durchleitungsverträgen und über die Beilegung von Meinungsstreitigkeiten zwischen den Vertragsparteien

Hier sollen die Dienstleistungen zur Durchleitung und das Verfahren bei dem Abschluss und der Erfüllung des Durchleitungsvertrages sowie die Beilegung von Meinungsverschiedenheiten ausführlich dargestellt werden.

In Art. 3 des Elektrizitätswirtschaftsgesetzes sind Dienstleistungen im Zusammenhang mit der Durchleitung als in organisatorischer und technischer Hinsicht zusammenhängenden Tätigkeiten definiert, die der Durchleitung der Elektrizität durch technische Anlagen der Elektrizitätsnetze gemäß den technischen Vorschriften dienen.

Die Dienstleistungen im Zusammenhang mit der Durchleitung werden von einer Netzgesellschaft *aufgrund eines entgeltlichen Vertrages über die Erbringung von Dienstleistungen im Zusammenhang mit der Durchleitung* an Personen, die Eigentümer oder rechtmäßige Besitzer der an das Netz ordnungsgemäß angeschlossenen Anlagen zur Energieabnahme oder anderer Elektrizitätswirtschaftseinrichtungen sind, oder an die Teilnehmer des Marktes für Großabnehmer, die Elektrizität exportieren und/oder importieren, an Energievertriebsgesellschaften und an Garantielieferanten erbracht (Ziff. 6 der Regeln).

Aus Art. 26 Ziff. 3 des Elektrizitätswirtschaftsgesetzes, Art. 8 des Föderalgesetzes „Über die natürlichen Monopole" und Art. 426 des Zivilgesetzbuches ergibt sich, dass ein solcher Vertrag die Merkmale eines öffentlichen Vertrages aufweist, so dass die Netzgesellschaft als ein natürlicher Monopolist *verpflichtet* ist, den Vertrag abzuschließen, wenn die Erfüllung technisch möglich ist. Weigert sich die Netzgesellschaft ohne Rechtsgrund, den Durchleitungsvertrag abzuschließen, ist der Käufer berechtigt, bei Gericht Klage auf Erzwingung des Vertragsabschlusses gemäß den Vorschriften des Zivilrechts zu erheben (Art. 26 Ziff. 2 des Elektrizitätswirtschaftsgesetzes Art. 445 Ziff. 4 ZGB). Gemäß Art. 26 Ziff. 2 des Elektrizitätswirtschaftsgesetzes ist die Teilnahme des Verbrauchers an dem Markt für Großabnehmer oder das Vorliegen eines früher abgeschlossenen Vertrages, der ordnungsgemäß erfüllt wird, eine wesentliche Bedingung des Durchleitungsvertrages.

Ferner bestimmt Ziff. 10 der Regeln, dass der Durchleitungsvertrag vor dem Vertrag über den technischen Anschluss nicht abgeschlossen werden kann, es sei denn, dass der Verbraucher:

* eine Person ist, deren Anlage zur Energieabnahme vor dem Inkrafttreten der Regeln an das Netz angeschlossen wurde

* eine Person ist, die Elektrizität exportiert und/oder importiert und keine Elektrizitätsanlagen besitzt oder nutzt, die an das Netz angeschlossen sind

* ein Energievertriebsunternehmen (Garantielieferant)[3] ist, das (der) den Vertrag im Interesse der von ihm zu versorgenden Verbraucher abschließt.

In Bezug auf die oben genannten Personen ist die Netzgesellschaft berechtigt, eine Anfrage über die technischen Eigenschaften der Anlagen zur Energieabnahme und andere Angaben, die für den technischen Anschluss erforderlich sind, zuzuleiten.

Die Regeln legen das Verfahren und die Bearbeitungsfristen der Netzgesellschaft fest (Ziff. 16-18, 21-22 der Regeln). Da der Durchleitungsvertrag ein öffentlicher Vertrag ist, finden die Vorschriften des Art. 445 des ZGB über den Kontrahierungszwang in diesem Fall Anwendung, wonach die Anfragen binnen 30 Tagen zu bearbeiten sind. Allerdings bestimmen die Regeln das Bearbeitungsverfahren für einzelne Fälle näher, zum Beispiel:

* wenn der Antragsteller nicht alle erforderlichen Unterlagen eingereicht hat, ist die Netzgesellschaft verpflichtet, ihn darüber binnen sechs Werktagen in Kenntnis zu setzen und den Antrag, nachdem die fehlenden Unterlagen nachgereicht worden sind, binnen 30 Tagen zu bearbeiten (Ziff. 17 der Regeln)

* wenn die Durchleitung technisch nicht möglich ist, ist die Netzgesellschaft verpflichtet, binnen 30 Tagen dem Antragsteller eine begründete

---

[3] Gemäß Art. 3 des Elektrizitätswirtschaftsgesetzes ist ein Garantielieferant eine wirtschaftliche Organisation, die gemäß dem Gesetz oder aufgrund einer freiwilligen Verpflichtung verpflichtet ist, den Energieliefervertrag mit jedem Verbraucher, der bei ihm einen Antrag gestellt hat, oder mit einem Vertreter des Verbrauchers abzuschließen.

Ablehnung des Vertragsschlusses unter Beifügung der die Begründung stützenden Unterlagen zuzuleiten (Ziff. 20 der Regeln).

Der Kontrahierungszwang findet seinen rechtspolitischen Grund darin, dass es sich um einen Bereich der natürlichen Monopole handelt, so dass der Verbraucher als schwächere Partei zu schützen ist. Die Interessen des Verbrauchers sind hier durch das vorgeschriebene Verfahren, einschließlich der Bearbeitungsfristen, geschützt. Wie oben bereits erwähnt wurde, ist der Verbraucher, wenn seine Rechte und gesetzlich geschützte Interessen verletzt sind, berechtigt, Klage auf Erzwingung des Vertragsabschlusses gemäß Art. 445 Ziff. 4 ZGB zu erheben.

1. Über die Antimonopolorgane

Die Regeln sehen vor, dass sich die betroffenen juristischen Personen an die föderalen Antimonopolorgane mit einer Beschwerde gegen die Netzgesellschaft wenden können (Abschnitt VII der Regeln). Die Öffnung der Märkte muss durch eine effektive Antimonopolkontrolle begleitet werden, da die positiven Aspekte der Öffnung durch das wettbewerbsfeindliche Verhalten der Marktteilnehmer nivelliert werden können.

Gemäß der Verordnung der föderalen Regierung Nr. 331 vom 30. Juni 2004[4] ist der Föderale Antimonopoldienst (im folgenden – FAD) das föderale Exekutivorgan, das im Zusammenhang mit der Gesetzgebung über den Wettbewerb auf den Warenmärkten, Schutz des Wettbewerbs auf Finanzmärkten und in den Bereichen der natürlichen Monopole befugt ist, normative Rechtsakte zu erlassen und Kontrolle und Aufsicht über die Einhaltung der Gesetzgebung auszuüben (Ziff. 1 der Ordnung über den FAD). Im Rahmen seiner Zuständigkeit übt der FAD Kontrolle und Aufsicht über die Tätigkeit der natürlichen Monopole und über die Einhaltung der Anforderungen über den diskriminierungsfreien Marktzugang, über diskriminierungsfreie Erbringung von Dienstleistungen und über den zwingenden Vertragsabschluß usw. aus (Ziff. 5.3.1 der Ordnung über den FAD). Der FAD stellt fest, ob die Regeln und das Föderalgesetz „Über die natürlichen Monopole" verletzt wurden, und, wenn die Verletzung feststeht, erlässt er einen belastenden Verwaltungsakt gegen die Netzgesellschaft.[5] Dadurch wird

---

[4] Die Verordnung der föderalen Regierung Nr. 331 „Über die Bestätigung der Ordnung über den Föderalen Antimonopoldienst" vom 30. Juni 2004 (im folgenden – FADORd).

[5] Das Verfahren beim FAD ist in folgenden normativen Rechtsakten festgelegt:
• die Verordnung der föderalen Regierung Nr. 257 „Über die Bestätigung der Ordnung über die Bearbeitung der Sachen im Zusammenhang mit der Regulierung der natürlichen Monopole und der Verletzung des Föderalgesetzes „Über die natürlichen Monopole" durch den FAD" vom 24. März 2000;
• der Befehl des föderalen Ministeriums für Antimonopolpolitik und Unterstützung der unternehmerischen Tätigkeit Nr. 963a „Über die Bestätigung der Form der Verwaltungsakte im Zusammenhang mit der Verletzung des Föderalgesetzes „Über die natürlichen Monopole" vom 24. August 2001 (das föderale Ministerium für Antimonopolpolitik und Unterstützung

die Netzgesellschaft *verpflichtet*, die Verletzungen einzustellen und/oder die Folgen der Verletzung zu beseitigen, d.h. mit dem Verbraucher den Vertrag abzuschließen, den Vertrag zu ändern, eine Verwaltungsstrafe zu bezahlen, den Schaden zu ersetzen o.ä. – je nach Verlangen des Verbrauchers und Inhalt des Verwaltungsakts des FAD.

Es soll hervorgehoben werden, dass die Netzgesellschaft gegen den Verwaltungsakt des FAD beim Wirtschaftsgericht klagen kann. Die Sache wird dann gemäß Kapitel 24 des Wirtschaftsprozessgesetzbuches über die Verwaltungsstreitigkeiten verhandelt. Gemäß Art. 25 Ziff. 2 des Föderalgesetzes „Über die natürlichen Monopole" wird durch Klageerhebung der Vollzug des Verwaltungsaktes bis zur Verkündung der Gerichtsentscheidung ausgesetzt.

2. Firmeninterne Mechanismen

Neben der Beschwerde an den FAD und der Klage beim Wirtschaftsgericht können sich die Verbraucher auch an die Russische offene Aktiengesellschaft „Einheitliche Energiesysteme Russlands" (im Folgenden – RAG EES) wenden.[6] Im Zuge der Restrukturierung der RAG EES wurden Gesellschaften gegründet, die Durchleitung gewährleisten. Zur Optimierung der Tätigkeit der Tochtergesellschaften unter Wettbewerbsbedingungen hat die RAG EES durch den Befehl Nr. 415 vom 16. Juli 2004 eine Kommission[7] gegründet, die Meinungsverschiedenheiten im Zusammenhang mit dem Zugang zum Elektrizitätsmarkt und der Tätigkeit auf dem Markt zwischen den Antragstellern und Tochtergesellschaften der RAG EES beilegt, die Effizienz der Tochtergesellschaften auf dem Markt für Großabnehmer und den Märkten für Endverbraucher analysiert und Empfehlungen für die Tochtergesellschaften vorbereitet.

---

der unternehmerischen Tätigkeit wurde aufgrund des Erlasses des Präsidenten der Russischen Föderation Nr. 314 vom 9. März 2004 aufgelöst). Die Befugnis, Befehle, Verfügungen und Anordnungen im Zusammenhang mit der Tätigkeit der natürlichen Monopole wurde auf den Föderalen Antimonopoldienst übertragen, der nun die Territorialeinheiten des aufgelösten Ministeriums leitet (Ziff. 6.8 der Verordnung der föderalen Regierung Nr. 331 vom 30. Juni 2004).

[6] Die Grundlagen für die Tätigkeit der RAG EES sind im Erlaß des Präsidenten der Russischen Föderation Nr. 922 „Über die Besonderheiten der Umwandlung von Staatsunternehmen, Vereinigungen und Einrichtungen des Brennstoff- und Energiesektors in Aktiengesellschaften" vom 14. August 1992, dem Erlaß des Präsidenten der Russischen Föderation Nr. 923 „Über die Verwaltung der Elektrizitätswirtschaft in der Russischen Föderation im Zusammenhang mit der Privatisierung" vom 15. August 1992 und dem Erlaß des Präsidenten der Russischen Föderation Nr. 1334 „Über die Umsetzung des Erlasses Nr. 922 vom 14. August 1992 in der Elektrizitätswirtschaft" bestimmt.

[7] Die vollständige Bezeichnung ist „Kommission zur Optimierung der Tätigkeit der Tochtergesellschaften der RAG EES auf dem Elektrizitätsmarkt unter Wettbewerbsbedingungen" (im folgenden – Kommission).

Die Kommission übt ihre Befugnisse gemäß den Reglementierungen[8] aus, die das Verfahren und die Fristen der Bearbeitung von Anträgen der potentiellen Teilnehmer des Marktes für Großabnehmer über den Zugang zum Markt für Großabnehmer sowie über die Meinungsverschiedenheiten in diesem Zusammenhang bestimmen (auch wenn eine der Streitparteien eine Infrastrukturgesellschaft des Marktes für Großabnehmer ist, deren Vertreter Mitglieder der Kommission sind).

Als Mitglied der Kommission kann ich feststellen, dass die Arbeit der Kommission es erlaubt, die Tätigkeit der Tochtergesellschaften der Energieholdinggesellschaft RAG EES besser zu koordinieren, Probleme festzustellen und zu beheben und Empfehlungen für die künftige Tätigkeit der Tochtergesellschaften auszuarbeiten.

Nachdem die Kommission die Meinungsverschiedenheiten beraten hat, ist die Tochtergesellschaft verpflichtet, die RAG EES über die Maßnahmen zur Umsetzung der Empfehlungen und Entscheidungen der Kommission binnen 30 Tagen nach Zugang zu informieren (Ziff. 11 der Reglementierungen Nr. 2).[8]

Dieser firmeninterne Kontrollmechanismus ist für die Beilegung der Meinungsverschiedenheiten ohne Beteiligung der Staatsorgane grundsätzlich effektiv.

VI. Über die wesentlichen Bedingungen des Durchleitungsvertrages

Wenn die obengenannten Probleme nicht bestehen, schließen die Netzgesellschaft und der Verbraucher einen Durchleitungsvertrag ab, dessen wesentliche Bedingungen in Ziff. 12 der Regeln vorgegeben sind. Der Durchleitungsvertrag ist ein Dienstleistungsvertrag i.S. der Artt. 779-783 ZGB.

Gemäß Art. 424 Ziff. 4 des Zivilgesetzbuches werden die Vertragsbedingungen von den Parteien frei bestimmt, es sei denn, wesentliche Bedingungen sind durch Gesetz oder andere normative Rechtsakte bestimmt (Art. 422 ZGB).

Gemäß Ziff. 12 der Regeln muss der Vertrag die folgenden wesentlichen Bedingungen enthalten:

- Die Höchstleistung der Anlage zur Energieabnahme, die an das Elektrizitätsnetz angeschlossen ist, und die Aufteilung dieser Leistung auf jeden Anschlusspunkt

---

[8] Reglementierung Nr. 1 „Über die Bearbeitung der Anträge über den Zugang zum Markt für Großabnehmer in den Tochtergesellschaften der RAG EES während der Übergangsphase der Elektrizitätswirtschaftsreform"; Reglementierung Nr. 2 „Über die Bearbeitung der Meinungsverschiedenheiten im Zusammenhang mit dem Zugang zum Markt für Großabnehmer während der Übergangsphase der Elektrizitätswirtschaftsreform"; Reglementierung Nr. 3 „Über das Zusammenwirken der Struktureinheiten der Leitungsorgane der Holdinggesellschaft und den Tochtergesellschaften beim Abschluß der Verträge mit neuen Teilnehmern des Marktes für Großabnehmer während der Übergangsphase der Elektrizitätswirtschaftsreform".
[8]

- Die Höhe der Leistung (bei der Erzeugung oder beim Verbrauch), die die Netzgesellschaft an den vertraglich bestimmten Anschlusspunkten garantiert
- Die Abgrenzung der Haftung des Verbrauchers und der Netzgesellschaft für den Zustand und die Wartung der Einrichtungen der Elektrizitätsnetzwirtschaft, die von der Aufnahme in die Bilanz abhängt und in dem dem Vertrag beizufügenden Protokoll über die Abgrenzung der Bilanzzugehörigkeit der Elektrizitätsnetze und der Haftung für den Betrieb festzulegen ist
- Der Umfang der Speicherkapazitäten für technologische Zwecke und zur Verhinderung von Havarien, aus der sich Einschränkungen des Elektrizitätsverbrauchs ergeben, wenn Verbraucher juristische Personen oder Einzelunternehmer sind. Für die genannten Personen ist das Protokoll über die Speicherkapazitäten für technologische Zwecke und zur Verhinderung von Havarien Bestandteil des Vertrages
- Die Pflichten der Parteien in Bezug auf den Einbau der Elektrizitätsmessgeräte, die den durch die Gesetzgebung der Russischen Föderation bestimmten Anforderungen entsprechen, an Anschlusspunkten und die Gewährleistung deren Funktionstüchtigkeit gemäß den durch das zuständige Organ für technische Regulierung und Metrologie und den Hersteller bestimmten Kriterien während der Gültigkeitsdauer des Vertrages.

Gemäß Ziff. 13 der Regeln übernimmt der Verbraucher folgende Pflichten:
- Das Durchleitungsentgelt an die Netzgesellschaft in der Höhe und innerhalb der Frist, die durch den Vertrag bestimmt sind, zu zahlen
- Die in seinem Eigentum oder rechtmäßigen Besitz stehenden Anlagen zum Schutz gegen Havarien, Messgeräte für Spannung und Leistung sowie andere Anlagen, die für die Sicherheit und entsprechende Qualität der Elektrizität erforderlich sind, zu erhalten und zu warten und die Anforderungen für den technischen Anschluss und für den Betrieb von Abnahmeanlagen während der Gültigkeitsdauer des Vertrages einzuhalten
- Der Netzgesellschaft die erforderlichen technischen Angaben über die Hauptschaltkreise, technische Eigenschaften der Anlagen, den Schutz gegen Havarien und aktuelle Angaben über den technischen Modus der Energieabnahme bzw. -einspeisung binnen der vertraglich bestimmten Frist zuzuleiten;
- Die Netzgesellschaft über die Havarien und planmäßige, laufende und grundlegende Reparaturarbeiten an den Energieanlagen binnen der vertraglich bestimmten Frist zu informieren
- Die Netzgesellschaft über die Beteiligung an der automatischen oder notfallbezogenen Steuerung der Anlage zur Verhinderung von Havarien, an der primären Regelung der Frequenz und der sekundären Regelung der Leistung (für Kraftwerke) sowie über das Verzeichnis und Leistung der

Anlagen zur Energieabnahme des Verbrauchers, die durch Geräte zum Schutz vor Havarien ausgeschaltet werden können, zu informieren
- Die Sicherheit des Betriebs der zu seinem Bereich gehörenden Elektrizitätsnetze und der Geräte, die für die Durchleitung der Elektrizität erforderlich sind, zu gewährleisten
- Den zuständigen Vertretern der Netzgesellschaft Zugang zu den Einrichtungen für Kontrolle und Ermittlung der Menge der durchgeleiteten Elektrizität zu gewähren.

Die Netzgesellschaft übernimmt gemäß Ziff. 14 der Regeln folgende Pflichten:
- Die Durchleitung der Elektrizität zu den Energieabnahmeanlagen des Verbrauchers zu gewährleisten, wobei die Qualität und Parameter der Elektrizität den technischen Standards und anderen Normen entsprechen muss
- Die Durchleitung soll den abgestimmten Sicherheitsvorgaben unter Berücksichtigung der technischen Eigenschaften der Energieabnahmeanlagen des Verbrauchers entsprechen
- Den Verbraucher über die Havarien und Reparaturarbeiten in den Elektrizitätsnetzen, die die Erfüllung des Vertrages beeinflussen, in einem Verfahren und innerhalb einer Frist, die vertraglich bestimmt sind, zu informieren
- Den bevollmächtigten Vertretern des Verbrauchers Zugang zu Einrichtungen für Kontrolle und Bewertung der Menge und Qualität der durchgeleiteten Elektrizität gemäß dem Vertrag Zugang zu gewähren.

VII. Über die Durchleitungsentgelte

Gemäß Art. 23 des Elektrizitätswirtschaftsgesetzes werden die Durchleitungsentgelte vom Staat reguliert und sind in das Verzeichnis der staatlich regulierten Preise (Tarife) aufgenommen. Die Preise (Tarife) für andere Erzeugnisse (Dienstleistungen) in der Elektrizitätswirtschaft, die nicht in das obengenannte Verzeichnis aufgenommen sind, werden durch die Parteien bestimmt und dürfen nicht reguliert werden (Art. 23 Ziff. 3 des Elektrizitätswirtschaftsgesetzes).[9]
Das Entgelt für die Durchleitung durch regionale Elektrizitätsnetze wird gemäß der Methodischen Anleitung für die Berechnung der regulierten Tarife und Preise für Elektrizität und Wärme auf den Märkten für Endverbraucher, bestätigt

---

[9] Aus dem Art. 23 Ziff. 3 des Elektrizitätswirtschaftsgesetzes ergibt sich, dass die Ausnahmen nur bei der Festsetzung der Preiszuschläge der Wohnhausverwaltungen gemäß den normativen Rechtsakten der Russischen Föderation über die Grundlagen der Tarifregulierung für Wohnhäuserverwaltungen zulässig sind. Am 30. Dezember 2004 wurde das Föderalgesetz Nr. 210-FZ „Über die Grundlagen der Tarifregulierung für Wohnhäuserverwaltungen" verabschiedet.

durch den Befehl des Föderalen Tarifdienstes[10] Nr. 20-e/2 vom 6. August 2004 (Abschnitt VIII), bestimmt.

Das Entgelt für die Durchleitung durch die FNG EES wird gemäß den Methodischen Anleitungen über die Berechnung des Durchleitungsentgelts durch das ENE, bestätigt durch die Verordnung der Föderalen Energiekommission Russlands[11] Nr. 72-e/3 vom 23. Oktober 2002, bestimmt.

Gemäß Art. 424 Ziff. 4 ZGB werden in gesetzlich bestimmten Fällen Preise (Tarife, Sätze usw.) angewendet, die durch zuständige Staatsorgane festgesetzt oder reguliert werden. Gemäß den obengenannten Vorschriften des Elektrizitätswirtschaftsgesetzes und unter Berücksichtigung des Art. 424 ZGB über den vertraglichen Preis und des Art. 422 ZGB über die für die Vertragsparteien zwingenden Vorschriften sind die Netzgesellschaft und der Verbraucher beim Abschluss des Durchleitungsvertrages verpflichtet, die durch Regulierungsorgane festgesetzten Tarife anzuwenden.

VIII. Ausblick

Während der Übergangsphase der Reform funktionieren der Markt für Großabnehmer und die Märkte für Endverbraucher gemäß den Regeln der Übergangsphase (vgl. Art. 6 ÜbergangsG).
Die föderale Regierung hat durch ihre Verordnung Nr. 643 vom 24. Oktober 2003 die Regeln für den Markt für Großabnehmer für die Übergangsphase (im folgenden – ÜbergangsR) bestätigt. Derzeit werden Änderungen vorbereitet, da sich das System der wirtschaftlichen Beziehungen in der Elektrizitätswirtschaft verändert hat, so dass in Zukunft folgende Mechanismen eingesetzt werden sollen:

- Planung des Elektrizitätsmarkts „einen Tag im voraus"
- Kaufverträge über die Elektrizität
- Ausgleich durch den Markt;
- Handel mit Elektrizitätserzeugungskapazitäten
- Markt für systembezogene Dienstleistungen
- Handel mit Rechten auf die Durchleitung.

Im Jahr 2007 wird die föderale Regierung die rechtlichen Grundlagen für die Märkte auch der Endverbraucher erlassen, die derzeit in den föderalen Exekutivorganen, die für Regulierung und Kontrolle in der Elektrizitätswirtschaft zu-

---

[10] Gemäß der Ordnung über den Föderalen Tarifdienst, bestätigt durch die Verordnung der föderalen Regierung Nr. 332 vom 4. Juni 2004 ist der Föderale Tarifdienst das föderale Exekutivorgan, das für die staatliche Regulierung von Preisen (Tarifen) und die Kontrolle der Anwendung zuständig ist.
[11] Gemäß dem Erlass des Präsidenten der Russischen Föderation Nr. 314 vom 9. März 2004 wurde die Föderale Energiekommission in den Föderalen Tarifdienst umgewandelt.

ständig sind (Art. 21 Ziff. 1 des Elektrizitätswirtschaftsgesetzes), diskutiert werden. Wenn diese Normen vorliegen, werden solide Grundlagen für die rechtliche Regelung der Wirtschaftsbeziehungen in der Elektrizitätswirtschaft und den Abschluss Reform der Elektrizitätswirtschaft geschaffen, wodurch der angestrebte Ausgleich zwischen dem Bereich der natürlichen Monopole und dem Wettbewerbsbereich erreicht werden kann.

**Staatliche Regulierung der Verhältnisse im Erdöl- und Gassektor
der Russischen Föderation: Rechtsprobleme**

Ewgenij P. Gubin

1. Die internationalen Erfahrungen im Erdöl- und Gassektor im Zusammenhang
mit Gewinnung und dem anschließenden Verkauf von Erdöl und Gas, insbesondere in Norwegen, Großbritannien, Saudi Arabien und anderen Staaten, zeigen,
dass die Regulierung durch den Staat für die Effizienz des Sektors unerlässlich
ist. Die effektive Erfüllung der Regulierungsaufgaben durch den Staat setzt eine
sorgfältige Ausarbeitung der staatlichen Politik in diesem Bereich voraus. Die
Grundlagen dieser Politik sind in der Anordnung der Regierung der Russischen
Föderation über die wirtschaftliche Strategie Russlands für den Zeitraum bis
2020 festgelegt.[1]

Bei der Umsetzung der politischen Strategie im Energiesektor liegt der Schwer-
punkt auf der Entwicklung eines Energiemarktes und diskriminierungsfreier
wirtschaftlicher Verhältnisse zwischen den Marktteilnehmern und zwischen den
Marktteilnehmern und dem Staat. Dabei beschränkt der Staat seine Tätigkeit als
Wirtschaftssubjekt und erweitert seine Befugnisse im Zusammenhang mit der
Marktregulierung zur Unterstützung der Entwicklung marktwirtschaftlicher
Strukturen.

Die wichtigsten Mechanismen der staatlichen Regulierung im Brennstoff- und
Energiesektor sind die folgenden:

* Maßnahmen zur Entwicklung rationaler marktwirtschaftlicher Umgebung
  (einschließlich der einheitlichen Regulierung durch Tarife, Steuern, Zölle,
  Vorschriften des Wettbewerbsrechts und institutionellen Reform des
  Brennstoff- und Energiesektors)
* Erhöhung der Effizienz der Verwaltung des staatlichen Vermögens
* Einführung der rationalen technischen Vorschriften, nationalen Standards
  und Normen, die die Steuerung der Entwicklung der Energiewirtschaft
  und einen sparsamen Umgang mit Energie fördern
* Förderung und Unterstützung strategischer Initiativen von Unternehmen
  im Zusammenhang mit Investitionen, mit der Entwicklung und Einführung neuer Technologien und mit dem Einsparen von Energie.

2. Die Politik, insbesondere die Wirtschaftspolitik und Energiepolitik, findet in
den Rechtsnormen ihren Niederschlag. Da die Wirtschaftspolitik und insbesondere Energiepolitik vom Staat durch die Rechtsnormen umgesetzt wird, ist das
Recht der Ausdruck des politischen Willens.

---

[1]   SZ RF 2003, Nr. 36, Pos. 3531.

Die Grundlage der Umsetzung der staatlichen Energiepolitik bildet die sich
ständig entwickelnde Gesetzgebung. Die Verbesserung der Gesetzgebung wird
durch die Kontinuität, lückenlose Regelung und Beseitigung der Widersprüche
gewährleistet, wie in der Energiestrategie Russlands für den Zeitraum bis 2020
hervorgehoben ist.

Die Energiegesetzgebung wird unter Berücksichtigung der Besonderheiten einzelner Segmente des Brennstoff- und Energiesektors wie Elektrizitätswirtschaft,
Erdöl- und Gaswirtschaft, Kohlebergbau usw. entwickelt. Einige Aspekte, die
für alle Segmente des Sektors gleichermaßen wichtig sind, werden einheitlich
geregelt, z.b. das Einsparen von Energie durch das Föderalgesetz Nr. 28-FZ
vom 3. April 1996 „Über die Energieeinsparung".[2]
Leider ist die Gesetzgebung über die staatliche Regulierung im Brennstoff- und
Energiesektor noch nicht ausgereift. Die Rechtsnormen sind in zahlreichen,
überwiegend untergesetzlichen normativen Rechtsakten auf verschiedenen Ebenen der Normenhierarchie enthalten.

3. Der Staat verwendet zur Regulierung der wirtschaftlichen Tätigkeit oft Verbote und Beschränkungen. Vom rechtstheoretischen Standpunkt aus wird die
staatliche Regulierung und Verwaltung durch Gebote, Verbote und Erlaubnis-
tatbestände ausgeübt. Die bevorzugten Formen der staatlichen Regulierung
bestimmen den Inhalt der Rechtsnormen und beeinflussen auch andere Elemente
des Rechtssystems.[3]
Die Hauptfunktion der Verbote (Rechtsverbote) ist die Erhaltung der existierenden Ordnung und der Rechtsbeziehungen. Aus den Verboten (Rechtsverboten)
wie aus den Geboten ergeben sich rechtliche Pflichten, eine Handlung vorzunehmen oder sie zu unterlassen.[4]
Verbote sollen nur dann aufgestellt werden, wenn andere Instrumente der staatlichen Regulierung nicht zum angestrebten Ergebnis führen können und wenn
das Interesse des Staates und der Allgemeinheit gemäß der Verfassung der Russischen Föderation dies gebieten.
Verbote im Wirtschaftsverwaltungsrecht der Russischen Föderation sind in
Rechtsakten auf verschiedenen Ebenen der Normenhierarchie enthalten. Dies
sind Erlasse des Präsidenten der Russischen Föderation, Verordnungen der Regierung der Russischen Föderation und Rechtsvorschriften der Ministerien und
Behörden. In einigen Fällen sind die Verbote unmittelbar in Gesetzen enthalten.
Es erscheint nicht zweckmäßig, dass Verbote als besonders eingriffsintensive
Instrumente in Rechtsakten auf verschiedenen Ebenen der Normenhierarchie bestimmt werden. Vielmehr sollen die Gesetze die Ermächtigungsgrundlage enthalten. In diesem Zusammenhang hat Art. 22 Ziff. 4 des Wirtschaftsgesetzbu-

---

[2]   СЗ РФ. 1996. № 15. Ст. 1551.
[3]   Vgl. S. S. Aleksejev, Recht. Grundlagen. Theorie. Philosophie. Eine multidisziplinäre
Untersuchung, Moskau 1999, S. 352.
[4]   Ebda, S. 355-356.

ches der Ukraine Mustercharakter, wonach die Tätigkeitsarten, die ausschließlich den staatlichen Unternehmen und Institutionen vorbehalten sind, nur durch Gesetz bestimmt werden dürfen.

Derzeit arbeiten das föderale Ministerium für Industrie und Energiewirtschaft und das föderale Ministerium für wirtschaftliche Entwicklung der Russischen Föderation an dem Gesetzesentwurf, der den Zugang der ausländischen Investoren zu „strategischen Industriezweigen" beschränken soll. Zu den strategischen Industriezweigen gehört auch die Erdöl- und Gaswirtschaft. Wenn das Gesetz in Kraft tritt, werden umfangreiche Investitionen in die „strategischen Industriezweige" und in russische Gesellschaften, die in diesen Sektoren tätig sind, nur mit Erlaubnis des Präsidenten der Russischen Föderation möglich sein. Das föderale Ministerium für Industrie und Energiewirtschaft nennt dieses Verfahren „Ein-Schalter-Prinzip".

Die Verabschiedung eines solchen Gesetzes wird nach unserer Auffassung zur Verbesserung der Rechtsstellung der Investoren führen, da die Regelung die Zuständigkeit nun eindeutig und ohne innere Widersprüche begründet. Die Regelung betrifft auch Investitionen in die Erdöl- und Gaswirtschaft.

Auch in westlichen Industriestaaten werden Verbote in bezug auf ausländische Investoren relativ häufig verwendet. Die Anzahl und die Bedeutung der Sektoren, zu denen der Zugang der ausländischen Investoren in der Russischen Föderation beschränkt werden soll, ist wesentlich geringer als in anderen Staaten, insbesondere in Finnland, Frankreich und in den Vereinigten Staaten.[5]

In Frankreich wurde am 31. Dezember 2005 das Dekret über die Neuregelung der ausländischen Investitionen in die französische Wirtschaft verkündet. Danach ist die französische Regierung befugt, die Übernahme von französischen Unternehmen in 11 „strategischen Sektoren", u. a. in der Energiewirtschaft, durch ausländische juristische Personen zu verbieten oder an Bedingungen anzuknüpfen.[6]

Der amerikanische Kongress blockiert das Rechtsgeschäft zwischen einem saudiarabischen Staatsunternehmen und der britischen Gesellschaft P & O, in deren Eigentum 30 Terminals in Häfen in 18 verschiedenen Staaten stehen, da zu den Aktiva der britischen Gesellschaft Terminals in den sechs größten amerikanischen Häfen an der Atlantikküste gehören.

4. Die Lizenzvergabe bleibt ein wichtiges Instrument der staatlichen Regulierung. In verschiedenen Staaten werden die Erdkörper unter der Oberfläche entweder aufgrund von Lizenzen oder aufgrund von Verträgen zur Nutzung überlassen. Die Erfahrungen von Kasachstan sind in diesem Zusammenhang von Interesse.

Eines der ersten kasachischen Gesetze über die Nutzung der Erdkörper unter der Oberfläche war das Gesetzbuch über die Erdkörper unter der Oberfläche und

---

[5]   Vgl. http:// www/akm.ru/rus/news/2006/march/02/ns1643045.htm

[6]   Vgl. Kommersant vom 6. März 2006.

über die Verarbeitung der fossilen Rohstoffe vom 30. Mai 1992. Das Gesetzbuch sah grundsätzlich verwaltungsrechtliche Mechanismen für die Überlassung
der Erdkörper unter der Oberfläche zur Nutzung vor. Obwohl auch der Vertrag
über die Nutzung der Erdkörper unter der Oberfläche im Gesetzbuch erwähnt
war, spielte er eine untergeordnete Rolle und war nicht ausführlich geregelt. In
den darauf folgenden Jahren wurde Kasachstan von internationalen Großkonzernen überrumpelt. Verträge mit internationalen Großkonzernen wurden ohne
eine angemessene gesetzliche Grundlage abgeschlossen, wodurch später wesentliche finanzielle, organisatorische und rechtliche Probleme für Kasachstan verursacht wurden. Diese Situation hat im Erlass des Präsidenten der Republik Kasachstan „Über die Rechtsgeschäfte im Erdölsektor" vom 18. April 1995, der
Gesetzeskraft hatte, Niederschlag gefunden, wonach den Parteien des Vertrages
über die Nutzung der Erdölvorkommen weitreichende Rechte, u. a. das Recht,
die Besteuerung zu bestimmen, eingeräumt wurden. Dies waren die ersten Erfahrungen mit der Einführung der Nutzungsüberlassung aufgrund von Verträgen.
Gleichzeitig hat die Regierung der Republik Kasachstan aufgrund des Erlasses
des Präsidenten vom 5. April 1994 mit Gesetzeskraft die Verordnung „Über die
Überlassung der Erdkörper unter der Oberfläche zur geologischen Landaufnahme, Gewinnung von Bodenschätzen und zu anderen Zwecken" vom 13. April
1994 erlassen. Gemäß der Verordnung sollte die Nutzung aufgrund der von zuständigen staatlichen Organen vergebenen Lizenzen erfolgen. Dieses Verfahren
wurde auch durch die Erlasse des Präsidenten „Über das Erdöl" vom 28. Juni
1995 und „Über die Erdkörper unter der Oberfläche und deren Nutzung" vom
27. Januar 1996 festgelegt. Auf diese Weise wurde in Kasachstan ein sog. gemischtes System der Lizenzen und Verträge etabliert: die Lizenzen wurden von
der Regierung, vertreten durch das Ministerium für Geologie und Schutz der
Erdkörper unter der Oberfläche, vergeben, und Verträge wurden aufgrund der
Lizenzen vom Ministerium für Erdölwirtschaft abgeschlossen.
Dieses System hat sich aber als zu kompliziert und nach dem Zusammenschluss
der beiden Ministerien zum Ministerium für Energiewirtschaft und fossile Rohstoffe als sinnlos erwiesen, da das gleiche Ministerium die Lizenz vergeben und
den Vertrag abschließen sollte.
Nach längerem Zögern hat sich Kasachstan für das Vertragssystem entschieden.
Durch das Gesetz vom 11. August 1999 wurden die Erlasse über die Erdölwirtschaft und über die Erdkörper unter der Oberfläche insoweit geändert, als das
System der Lizenzvergabe abgeschafft wurde.[7]
In der Russischen Föderation wird bekanntlich das System der Lizenzvergabe
angewendet. Eine eindeutige Priorität eines der Systeme ist nicht ersichtlich. Jedes System ist mit Vorteilen wie Nachteilen verbunden. Allerdings ist es unab-

---

[7] Vgl. M. K. Sulejmenow, Gesetzliche Regelung der staatlichen Beteiligung an den Verträgen über die Erdölvorkommen in der Republik Kasachstan, in: Neftegas. Energiewirtschaft
und Gesetzgebung, 2004-2005, Heft 4, S. 23-24.

hängig von dem vorherrschenden System von entscheidender Bedeutung, dass eine effektive Kontrolle über die Einhaltung der Nutzungsbedingungen durch den Staat gemäß den geltenden Rechtsvorschriften gewährleistet werden soll. Ein wichtiges Problem stellen die unzureichende Intensität und unzureichender Umfang der geologischen Landaufnahmen, Aufsuchungen und Schürfungen dar, die nun ganz überwiegend von privaten Erdöl- und Gasunternehmen durchgeführt werden sollen. Auch die Einhaltung der Anforderungen an die rationale Nutzung der Vorkommen widerspricht den kurzfristigen wirtschaftlichen Interessen der Privatunternehmen. Die Förderung nur an wenigen besonders ergiebigen Vorkommen, Einstellung von Bohrungen an Vorkommen mit geringer Ergiebigkeit und der Ausschluss dieser Vorkommen aus der Bilanz führen zu Abweichungen von rationalen Gewinnungsverfahren und im Ergebnis auch zum unwiederbringlichen Verlust der Bodenschätze. Der Widerruf der Lizenz ist in vielen Fällen kein angemessenes Mittel zur Lösung der Probleme, da durch die neue Ausschreibung und zwischenzeitliche Unterhaltung der Erdöl- und Gasfelder hohe Kosten entstehen.[8]

5. Der Staat kann auch andere Instrumente der direkten Regulierung auf dem Markt der Erdölprodukte nutzen. So können durch den Verkauf zusätzlicher Mengen an Benzin aus der Staatlichen Reserve die Preise auf dem Brennstoffmarkt stabilisiert werden.

6. Eines der grundlegenden Probleme in der Erdöl- und Gaswirtschaft wie auch in der gesamten nationalen Wirtschaft ist das Problem der Erhöhung der Investitionen und die Schaffung eines günstigen Investitionsklimas, d. h. Unterstützung der Investoren durch verschiedene wirtschaftliche Instrumente.
Eines der Instrumente ist die Investitionsgarantie, wonach der Differenzbetrag, der für die Rentabilität der Investitionen fehlt, in den Preis (Tarif) eingerechnet und daher von anderen Marktteilnehmern erstattet wird. Dieses Instrument kann in verschiedenen Segmenten der Energiewirtschaft, unter anderem auch in der Erdöl- und Gaswirtschaft, angewendet werden.

7. Nicht nur die Verbraucher, sondern auch der Staat können sich an der Erstattung der Differenz beteiligen. Allerdings ist für die Zahlungen aus dem Staatshaushalt ein ausführliches Gesetz erforderlich. Das Ministerium für natürliche Ressourcen der Russischen Föderation hat einen Entwurf der Regierungsverordnung über die Strategie der Aufsuchung und Förderung der Erdöl- und Gasvorkommen auf dem Festlandsockel für den Zeitraum bis 2020 vorbereitet. Es ist geplant, dass der Staat ca. 1 Mrd. Euro aus dem Haushalt investiert, wobei erwartet wird, dass anschließend bis zu 10 Mio. t Erdöl und ca. 30 Mio. m³ Erdgas

---

[8] Vgl. Z. Baschaew, Staatliche Regulierung des Brennstoff- und Energiesektors, in: Nezavisimaja gazeta vom 2. Februar 2000.

bis 2010 und bis 95 Mio. t Erdöl und bis 150 Mrd. m³ Erdgas bis 2020 dort gewonnen werden.

8. Die Besteuerung ist eines der wichtigsten Instrumente der staatlichen Regulierung. Über die Besteuerung kann der Staat bestimmte Sektoren fördern. Da z.b.
die Gewinnung der Bodenschätze auf dem Festlandsockel mit hohen Aufwendungen verbunden sein wird, ist es kaum möglich, ohne steuerliche Begünsti-
gungen Investoren zu gewinnen. Daher ist es geplant, dass noch in diesem Jahr
das Steuergesetzbuch dahingehend geändert wird, dass die Gewinnung der Bodenschätze auf dem Festlandsockel entweder überhaupt nicht oder unter Anwendung eines ermäßigten Steuersatzes besteuert wird. Ferner ist die Ausset-
zung der Besteuerung während der Aufsuchung, Schürfung und Inbetriebsetzung der Förderungsanlagen an neuen Erdölvorkommen und die Differenzierung
der Steuersätze je nach Ergiebigkeit der Bohrungen geplant.

9. Die Struktur der Erdöl- und Gaswirtschaft zeichnet sich durch das Vorherr-
schen von vertikal integrierten Großunternehmen aus. Dies soll bei der Entwicklung der Gesetzgebung in diesem Bereich berücksichtigt werden; in erster Linie
soll das Gesetz über die Holdinggesellschaften verabschiedet werden. Die Rege-
lungslücken in Bezug auf Holdingstrukturen führen zur mangelnden Rechtssi-
cherheit, Verletzung der Rechte der Holdinggesellschaften und zur Erhöhung
der Verwaltungskosten. Allerdings sind kleine und mittelständische Unternehmen für die Erdöl- und Gaswirtschaft nicht weniger wichtig, deren Rechtsstellung unsicher ist, da die Lehre im Zivilrecht sie nicht als eine besondere Gesellschaftsform anerkennt.

Der Gesetzgeber hat bedauerlicherweise bisher die Unterschiede in der Stellung
der Holdingunternehmen und der Kleinunternehmen in der Praxis nicht berücksichtigt. Dies soll jedoch in den Gesetzen, u. a. im Föderalgesetz „Über die natürlichen Monopole", Niederschlag finden.

Die Stellung der Kleinunternehmen wurde durch das Änderungsgesetz vom 1.
Januar 2005 zum Föderalgesetz Nr. 88-FZ „Über die staatliche Unterstützung
von Kleinunternehmen" vom 14. Juni 1995 weiter verschlechtert, indem die Ermäßigungen abgeschafft wurden und dadurch die Vermögenssteuer für Kleinunternehmen erhöht wurde.

10. Während der ersten Phase der Privatisierung Anfang der 90er Jahre wurden
faktisch die Erdkörper unter der Oberfläche und nicht nur das Vermögen von
Unternehmen privatisiert. Der derzeitige Umfang der staatlichen Regulierung
der Erdöl- und Gaswirtschaft in der Russischen Föderation erscheint angemessen. Die Aktienpakete im staatlichen Eigentum sind nicht immer ausreichend,
um die Unternehmensführung zu beeinflussen. Der Staat sollte kleinere Aktienpakete der Aktiengesellschaften ohne strategische Bedeutung für den Sektor

verkaufen (privatisieren) und die Beteiligung an Aktiengesellschaften von strategischer Bedeutung für den Sektor erhöhen. Die „kriechende" Re-Nationalisierung in der Erdöl- und Gaswirtschaft ruft Kritik der Unternehmer und ausländischer Investoren hervor. Dabei muss hervorgehoben werden, dass die Re-Nationalisierung nur ineffiziente Nutzer betreffen kann und nur unter der Bedingung einer gerechten und kurzfristigen Entschädigung durch den Staat durchgeführt wird.

Eine größere Rolle des Staates ist nur aufgrund von klaren und plausiblen Regeln möglich, die im Gesetz festgelegt werden sollten. Die unverhältnismäßigen Eingriffe des Staates, die nicht den in den Rechtsvorschriften bestimmten Grundsätzen und Verfahren entsprechen, schaden der Entwicklung der Erdöl- und Gaswirtschaft.

B. Bergrecht, Energieumweltrecht

Die Regulierung der Nutzung der Erdkörper unter der Oberfläche durch verwaltungsrechtliche Genehmigung und privatrechtlichen Vertrag

Grigorij E. Bystrow

In Russland sowie in anderen GUS-Staaten hat sich die geltende Regelung der Nutzung der Naturressourcen seit dem Ende der 1980er Jahre entwickelt. Traditionell wurde jede Art der Naturressourcen in einem Spezialgesetz wie das Bodengesetzbuch, Waldgesetzbuch, Wassergesetzbuch usw. geregelt. Im Februar 1992 hat der Oberste Rat der RSFSR mit der Tradition gebrochen und ein Gesetz verabschiedet, in dem die Grundlagen für die geologische Aufnahme, Nutzung und den Schutz der Erdkörper unter der Oberfläche, u. a. im Zusammenhang mit unternehmerischer Tätigkeit, festgelegt wurden.

Ungeachtet gewisser Mängel, hat das geltende Gesetz „Über die Erdkörper unter der Oberfläche" eine positive Rolle zu Beginn der wirtschaftlichen Reformen gespielt. Dieses für den Bergbau grundlegende Gesetz hat Voraussetzungen für die Reform des Erdöl- und Gassegments geschaffen, in dem die höchsten Gewinne im Brennstoff- und Energiesektor erwirtschaftet werden, bessere Kapitalisierung der Erdöl- und Gasunternehmen ermöglicht, das Investitionsklima positiv beeinflusst und dadurch den Brennstoff- und Energiesektor zur wichtigsten Branche der russischen Wirtschaft gemacht.

Die unternehmerische Tätigkeit im Zusammenhang mit der Förderung und Verwendung der fossilen Energieressourcen, die unter der Oberfläche lagern, wird überwiegend durch verwaltungsrechtliche Vorschriften geregelt. Da die Erdkörper unter der Oberfläche ausschließlich im staatlichen föderalen Eigentum stehen, werden die Nutzungsrechte durch staatliche Lizenzen in einem Verwaltungsverfahren entweder im Wege einer Versteigerung oder Ausschreibung oder ohne ein Auswahlverfahren gewährt. Die Lizenz ist die einzige Art der staatlichen Genehmigung, die in solchen Fällen gewährt wird; sie wird vom bevollmächtigten Exekutivorgan erteilt, wobei der Schutz des Lizenznehmers nicht umfassend ist. Zwischen dem bevollmächtigten Exekutivorgan und dem Lizenznehmer kann gemäß Art. 11 des Gesetzes „Über die Erdkörper unter der Oberfläche" ein Vertrag abgeschlossen werden. Der Lizenzvertrag kann jedoch vom Exekutivorgan einseitig geändert oder aufgelöst werden, wobei der Lizenznehmer weder privatrechtliche noch verwaltungsrechtliche Schadensersatzansprüche gegen den Staat erwirbt. Die Lizenz ist ein Verwaltungsakt, der keine schuldrechtlichen Rechtsfolgen nach sich zieht. Die Rechte und Pflichten des Lizenznehmers entstehen nicht mit dem Abschluss des Lizenzvertrages, sondern mit der staatlichen Eintragung der Lizenz, wodurch nach zutreffender Auffassung von V. N. Kokin „der verwaltungsrechtliche Charakter der Regelung der Nutzung der

Erdkörper unter der Oberfläche hervorgehoben wird".[1] Das geltende Gesetz „Über die Erdkörper unter der Oberfläche" hat das Verfahren der Zuweisung der Lagerstätten, das durch die Bergbauordnung von 1927 eingeführt wurde, weiterentwickelt. Das Aufsuchen und die Schürfungen aufgrund von Genehmigungen und Spezialzuweisungen, sog. Bergbauberechtigungen zum Abbau von Bodenschätzen, sind im sowjetischen Gesetz „Über die Erdkörper unter der Oberfläche" von 1975 erhalten geblieben.

Das Gesetz von 1992 hat das Verfahren verbessert, jedoch wurden die herkömmlichen Grundsätze beibehalten. Dazu gehören vor allem das Staatseigentum an den Erdkörpern unter der Oberfläche, die staatliche Verwaltung des staatlichen Fonds der Lagerstätten aufgrund der gemeinsamen Zuständigkeit der Föderation und der Föderationssubjekte für die Besitz-, Nutzungs- und Verfügungsrechte über die Erdkörper unter der Oberfläche, ein einheitliches System der staatlichen geologischen Kontrolle und Bergbauaufsicht über die zweckmäßige Nutzung und den Schutz der Erdkörper unter der Oberfläche, staatliche Garantien der Nutzungsrechte, die Gewährung der Nutzungsrechte aufgrund von staatlichen Lizenzen, die Möglichkeit eines Vertragsabschlusses zwischen dem Staat und dem Nutzer, das Verbot des Verkaufs von Erdkörpern unter der Oberfläche, beschränkter Handel mit Nutzungsrechten und gerichtlicher Rechtsschutz für Nutzer. Das Verfahren der Lizenzvergabe durch den Staat soll gewährleisten, dass alle juristischen und natürlichen Personen gleiche Rechte beim Lizenzerwerb haben. Dies wird gemäß Art. 15 des Gesetzes „Über die Erdkörper unter der Oberfläche" durch Versteigerungen und Ausschreibungen erreicht. Die Ordnung über das Lizenzvergabeverfahren von 1992 (im weiteren LizenzVO) sieht unter bestimmten Voraussetzungen auch Lizenzvergabe ohne ein Auswahlverfahren vor. Dieses Verfahren findet Anwendung, wenn sich die Lagerstätte in einer Sonderwirtschaftszone oder auf dem Festlandsockel befindet oder wenn das Unternehmen die Lagerstätte vor der Inkraftsetzung der LizenzVO aufgrund der Bergbauberechtigung genutzt hat. Wie die Praxis der Anwendung des Gesetzes „Über die Erdkörper unter der Oberfläche" gezeigt hat, sind die Ausschreibungsverfahren nicht immer zweckmäßig. Deshalb wird der Katalog der zwingenden Gründe für die Durchführung der Auktionen und Ausschreibungen seit 1995 immer mehr eingeschränkt.

Wesentliche Änderungen der Rechtsvorschriften über die Nutzung der Erdkörper unter der Oberfläche wurden 1995 eingeführt. Der Gesetzgeber hat die Voraussetzungen für die Gewährung der Nutzungsrechte abschließend festgelegt, die bisher lediglich in der LizenzVO angeführt waren. Ferner wurden die Voraussetzungen der Übertragung von Nutzungsrechten von einem Lizenznehmer auf einen anderen aufgrund der Rechtsnachfolge bei der Umwandlung der juristischen Person und in anderen Fällen bestimmt. Die Übertragung erfolgt durch Ausstel-

---

[1] Vgl. V. N. Kokin, Nutzung der Erdkörper unter der Oberfläche: rechtstheoretische Analyse, Moskau 2005, S. 116.

lung einer neuen Lizenz auf den Namen des Rechtsnachfolgers durch das Amt zur Verwaltung des Lagerstättenfonds ohne ein Auswahlverfahren.

In den Jahren 2000-2003 wurden weitere Änderungen zu den Bergbaugesetzen der ersten (1992) und zweiten (1995) Generation verabschiedet, da die herkömmlichen Gesetze von in- und ausländischen Investoren heftig kritisiert wurden. Die Vorschriften über die Durchführung von Auktionen und Ausschreibungen und über das Verfahren der Ausstellung der Lizenz wurden ausführlicher gestaltet, die Vorschriften über eine kurzzeitige Lizenz (bis zu einem Jahr Gültigkeitsdauer) wurden wesentlich geändert, die Voraussetzungen für die Gewährung der Nutzungsrechte wurden erweitert, u. a. auf die Fälle des Erwerbs der Rechte aufgrund eines Vertrages oder aufgrund des Erwerbs eines insolventen Unternehmens oder eines Unternehmensteils im Besitz der Nutzungsrechte, und Anforderungen an den Nutzer hinsichtlich seiner rechtlichen Stellung, fachlichen Qualifikation und der finanziellen Lage wurden festgelegt.

Ein wichtiger Aspekt des Bergrechts ist die Abgrenzung der Zuständigkeiten zwischen der Föderation und den Föderationssubjekten hinsichtlich der Verwaltung des staatlichen Lagerstättenfonds. Ursprünglich fand bekanntlich die sog. Zwei-Schlüssel-Regel Anwendung, wonach die Tätigkeit des Nutzers sowohl durch die föderalen Exekutivorgane als auch durch das Föderationssubjekt, auf dessen Gebiet sich die Lagerstätte befand, kontrolliert wurde. Die Exekutivorgane der Föderation und des Föderationssubjekts haben gemeinsam die Gewährung der Nutzungsrechte beschlossen. Lizenzen und Lizenzverträge wurden von den bevollmächtigten Vertretern der entscheidungsbefugten Organe unterzeichnet. Ausnahmen galten nur für solche Lagerstätten, die unter ausschließlicher Verwaltung der Föderation standen (sog. Ein-Schlüssel-Regel). Dazu gehören Lagerstätten im Küstenmeer, in den inneren Gewässern und auf dem Festlandsockel sowie in der ausschließlichen Wirtschaftszone, in denen die Nutzungsgenehmigung von der Regierung der Russischen Föderation zu erteilen ist.

Das Verfahren nach der Zwei-Schlüssel-Regel hat sich in der Praxis nicht bewährt. Vor der Verabschiedung des Änderungsgesetzes Nr. 122 vom 22. August 2004 haben die Föderationssubjekte nicht nur die gewinnbringende Nutzung der Energieressourcen beeinträchtigt, sondern auch die Zuständigkeitsregeln verletzt, indem sie Lagerstätten unter föderaler Verwaltung eigenmächtig verteilt haben. Die Föderationssubjekte haben sich oft grundlos geweigert, Ausschreibungen über Nutzungsrechte durchzuführen, und die Föderation konnte dieses Veto nicht überwinden. Nach Angaben des föderalen Ministeriums für Naturressourcen haben die Gouverneure der Föderationssubjekte die föderalen Staatsorgane erpresst, um die für sie vorteilhaften Beschlüsse herbeizuführen. Dies hat sowohl dem föderalen Haushalt als auch dem öffentlichen Interesse geschadet.

Durch das Änderungsgesetz Nr. 122 vom 22. August 2004 wurde die Zwei-Schlüssel-Regel abgeschafft und die ausschließliche Zuständigkeit der Föderation hinsichtlich der Erteilung von Lizenzen über die Nutzung von Erdöl-, Gas-,

Rohdiamanten-, Erzvorkommen und anderen strategischen Ressourcen festgelegt. Die regionalen Staatsorgane haben eingeschränkte Befugnisse hinsichtlich der Gewährung der Nutzungsrechte über Lagerstätten der verbreiteten Bodenschätze und der Bodenschätze von lokaler Bedeutung oder über Erdkörper unter der Oberfläche, die für den Tiefbau ohne Bezug zu den Bodenschätzen benutzt werden. Die Föderationssubjekte können ferner in den Auktions- und Ausschreibungskommissionen vertreten und an der geologischen Erforschung des eigenen Gebiets beteiligt werden. Ein anderer wichtiger Aspekt ist die Einzahlung der Nutzungsentgelte ausschließlich in den föderalen Haushalt.

Die Übertragung der wichtigsten Zuständigkeiten im Zusammenhang mit Bodenschätzen auf die Föderation ist auch dadurch begründet, dass die Gesetzgebungskompetenz der Föderationssubjekte in Bezug auf Erdkörper unter der Oberfläche gemäß Art. 71, 72 und 76 der Verfassung eingeschränkt ist.

In letzter Zeit haben sich Tendenzen hinsichtlich der Erweiterung der Zuständigkeiten der Föderationssubjekte abgezeichnet. Dies hat im Föderalgesetz Nr. 199 vom 31. Dezember 2005 über die Änderung der Zuständigkeitsabgrenzung Niederschlag gefunden. Unter anderem wurden auf die Föderationssubjekte einige Aufgaben im Zusammenhang mit dem Umweltschutz übertragen, jedoch nicht die Zuständigkeiten im Zusammenhang mit der Nutzung der Erdkörper unter der Oberfläche. Die ausschließliche Zuständigkeit der Föderation für die Verwaltung des Lagerstättenfonds, einschließlich der Rechtssetzungs-, Verfügungs- und Kontrollbefugnisse, wird von den Regionen kritisiert. Diese Kritik ist teilweise begründet, da die geltende Gesetzgebung den Föderationssubjekten keine Kontrolle über die gewinnbringende und umweltschonende Nutzung der Bodenschätze auf deren Gebiet, außer den allgemein verbreiteten Bodenschätzen, gewährt. Es entsteht eine paradoxe Situation, wie in juristischer und wirtschaftswissenschaftlicher Literatur mehrmals hervorgehoben wurde, in der die Bodenschätze auf dem Gebiet des Föderationssubjekts abgebaut werden, die Gewinne teilweise dem Nutzer, teilweise der Föderation zustehen und für die Bevölkerung des Föderationssubjekts nur Umweltschäden übrig bleiben, wodurch das Grundrecht auf gesunde Umwelt gemäß Art. 42 der Verfassung verletzt wird.

Es muss anerkannt werden, dass eine effiziente Verwaltung der Erdkörper unter der Oberfläche ohne Berücksichtigung der Interessen der Regionen nicht möglich ist, da die Föderationssubjekte sonst nicht motiviert werden können, langfristige Umweltschutzprojekte durchzuführen. Daher erscheint eine Reform der staatlichen Verwaltung im Zusammenhang mit der Nutzung der Erdkörper unter der Oberfläche erforderlich. Die Mängel der ursprünglichen Gesetzgebung können durch eine ausführliche Regelung des Vermittlungsverfahrens bei der Entscheidungsfindung unter Berücksichtigung der Einordnung der Lagerstätten als lokal, regional oder föderal behoben werden. Zugleich sollen die Rechtssetzungs-, Verfügungs- und Kontrollbefugnisse zwischen föderalen und regionalen Organen derart verteilt werden, dass keine Überschneidungen bestehen.

Die Verfügungsbefugnisse über Lagerstätten im staatlichen Fonds müssen in ausschließlicher Zuständigkeit der Föderation verbleiben, da die Erdkörper unter der Oberfläche auf dem Gebiet der Russischen Föderation im Eigentum der Föderation stehen. Ähnliche Regelungen existieren auch in anderen Staaten mit föderativem Aufbau. In keinem dieser 22 Staaten gilt die Zwei-Schlüssel-Regel, vielmehr stehen Erdkörper unter der Oberfläche entweder im Eigentum des Bundes oder der Länder, so dass nur der Bund oder nur die Länder Verfügungsgewalt haben.

Die Änderungen der Gesetzgebung, die Ende der 1990er-Anfang der 2000er Jahre verabschiedet wurden, haben die Probleme im Zusammenhang mit der Nutzung der Erdkörper unter der Oberfläche verschärft. Es können drei ungelöste Probleme genannt werden, die die Weiterentwicklung der Rechtsgrundlagen für eine effiziente Nutzung und den Schutz der Ressourcen, bessere Voraussetzungen für Investitionen, mehr Transparenz und niedrigeres Korruptionsrisiko verhindern. Das erste Problem besteht darin, dass die Nutzung der Bodenschätze überwiegend durch das Verwaltungsrecht und nicht durch das Privatrecht geregelt wird. Das zweite Problem ist, dass die Abgrenzung der Zuständigkeiten zwischen der Föderation und den Subjekten im Zusammenhang mit der Nutzung der Erdkörper unter der Oberfläche nicht wirtschaftlich begründet ist. Das dritte Problem liegt darin, dass die rechtliche Abgrenzung des Eigentums an Lagerstätten nicht optimal ist.

Die Gewährung der Nutzungsrechte auf verwaltungsrechtlichem Wege ist seit langem und zu Recht kritisiert worden, da dies einerseits überflüssige Verwaltung darstellt und andererseits kein hinreichender Rechtsschutz gegen die Eingriffe des Staates in unternehmerische Tätigkeit von Erdöl- und Gasunternehmen besteht. Aber auch die Interessen des Staates werden in dem verwaltungsrechtlichen Genehmigungsverfahren nicht in ausreichendem Maße geschützt. Der Staat hat bereits die Kontrolle über die Energieressourcen weitgehend verloren, da einige wenige vertikal integrierte Erdölunternehmen die Anlagen der ehemaligen Bergbauunternehmen wesentlich unter Preis gekauft und Lizenzen für die Nutzung der Lagerstätten erhalten haben. Derzeit sind 85-90% aller aufgesuchten Lagerstätten (abhängig von der Art der Ressourcen) aufgrund von Lizenzen verteilt. Die durchschnittliche Gültigkeitsdauer der erteilten Lizenzen für den Abbau von Bodenschätzen beträgt 15-20 Jahre; wenn man die Möglichkeit der Verlängerung bis zur Erschöpfung der Lagerstätte berücksichtigt, kann die Gültigkeitsdauer mehr als 50 Jahre betragen. Insgesamt sind mehr als 50000 Lizenzen bisher erteilt worden. Obwohl der Widerruf einer Lizenz rechtlich möglich ist, werden in der Praxis Lizenzen bei Verletzungen der Lizenzverträge nicht widerrufen. Lediglich 15% der Lizenzen werden von den Lizenznehmern auch genutzt. Die Bedingungen der Lizenzverträge wurden nach verschiedenen Einschätzungen in 40-80% der Fälle verletzt, trotzdem wurden keine Sanktionen angewendet. Derzeit bauen 10% der Lizenznehmer Bodenschätze ab, obwohl die Lizenz abgelaufen ist. Eine Reihe von Unternehmen, unter anderem solche wie Lukoil und Sibneft, beschränken die Förderung. Daher werden viele Lagerstätten nicht genutzt, obwohl für sie Lizenzen erteilt worden sind.

Bei der Ausarbeitung des Reformkonzepts für das Bergrecht soll die Kritik der geltenden Gesetzgebung und des Verwaltungsverfahrens im Zusammenhang mit der Lizenzerteilung Berücksichtigung finden, damit unnötige Komplikationen und Konflikte zwischen dem Staat und den Investoren verhindert werden können.

Das föderale Programm „Umweltschutz und Naturressourcen Russlands (2002-2010)", die Grundlagen der staatlichen Politik auf dem Gebiet der Nutzung der fossilen Rohstoffe und der Erdkörper unter der Oberfläche und die Energiestrategie Russlands bis 2020 sehen vor, dass Nutzungsrechte durch verwaltungsrechtliche und privatrechtliche Mechanismen, einschließlich der Konzessionsverträge und anderer Vertragstypen, gewährt werden. Dabei müssen folgende Aspekte berücksichtigt werden: erstens, ist der Staat im privatrechtlichen Verkehr anderen Teilnehmern gleichgestellt, so dass er keine hoheitlichen Befugnisse und keine Immunität hat; zweitens, sind Änderung und Auflösung von Verträgen nur mit Zustimmung des Nutzers oder aufgrund einer gerichtlichen Entscheidung möglich; drittens, muss die Verwaltung auf die Arbeit mit Verträgen vorbereitet werden. Derzeit werden jährlich ca. 3000 Lizenzen erteilt, geändert und ergänzt; viertens, ist die Korruptionsgefahr bei der Vorbereitung, dem Abschluss, der Änderung und Auflösung der Verträge hoch.

Daraus ergeben sich Bedenken gegen die Vorschläge des Ministeriums für Naturressourcen und der Regierung der Russischen Föderation über die uneingeschränkte Anwendung des Privatrechts bei der Gewährung der Nutzungsrechte. Die Erdkörper unter der Oberfläche als Objekt der Regulierung gehören zum Anwendungsbereich des öffentlichen Rechts, da sie im staatlichen Eigentum stehen und in der Verfassung als Gemeingut des Volkes bezeichnet werden. Gemäß Art. 1 Abs. 1 des Gesetzes „Über die Erdkörper unter der Oberfläche" werden von den Staatsorganen der Russischen Föderation und der Föderationssubjekte Gesetze verabschiedet und andere Rechtsvorschriften erlassen, um die Rechtsverhältnisse im Zusammenhang mit der Nutzung der Erdkörper unter der Oberfläche zu regeln. Art. 1 Abs. 2 bestimmt, dass Besitz, Nutzung und Verfügung über den staatlichen Lagerstättenfonds durch die Russische Föderation und die Föderationssubjekte im Interesse der auf dem Gebiet der entsprechenden Föderationssubjekte lebenden Völker und aller Völker der Russischen Föderation geregelt und gewährleistet werden müssen.

Um zu entscheiden, ob eine privatrechtliche oder verwaltungsrechtliche Regelung der Materie angemessen ist, ist zu berücksichtigen, dass Erdkörper unter der Oberfläche das Gemeingut des Volkes darstellen und dass durch deren Nutzung die Interessen der Allgemeinheit tangiert werden, auch die Interessen der künftigen Generationen. Daher sollen die Nutzungsrechte im Zusammenhang mit dem Staatseigentum an den Lagerstätten gesehen werden.

Die Zuständigkeit der Föderation für die Verwaltung der Erdkörper unter der Oberfläche als föderalen Eigentums ergibt sich aus der Hoheit der Föderation, einschließlich der territorialen Hoheit und der hoheitlichen Befugnisse in der Gesetzgebung, Verwaltung, Rechts- und Fachaufsicht in Bezug auf bestimmte Bereiche des öffentlichen Lebens. Die Rechtsgrundlage für die Verwaltung der Erdkörper unter der Oberfläche stellt die Verfassung der Russischen Föderation (Art. 114 Ziff. 1 lit. d) und die Gesetze und untergesetzliche normative Rechtsakte des Staats- und Verwaltungsrechts sowie einiger anderer Rechtsgebiete dar, jedoch nicht die Rechtsvorschriften des Privatrechts, auf die im Entwurf des neuen Gesetzes „Über die Erdkörper unter der Oberfläche" verwiesen wird. Der Gesetzesentwurf wurde am 16. Juni 2005 von der Regierung der Russischen Föderation in die Staatsduma der Russischen Föderation eingebracht und am 8. November 2005 vom Ministerium für Naturressourcen der Russischen Föderation zurückgenommen.

Wenn die Gewährung der Nutzungsrechte ausschließlich aufgrund von Verträgen in Betracht gezogen wird, muss berücksichtigt werden, dass ein Vertrag über die Nutzung der Erdkörper unter der Oberfläche nicht zwischen gleichgestellten privaten Parteien abgeschlossen wird und daher kein rein privatrechtlicher Vertrag ist. Vielmehr handelt es sich dabei um einen öffentlichrechtlichen Vertrag, da der Eigentümer der Erdkörper unter der Oberfläche, der Staat, als Souverän hoheitliche Befugnisse gegenüber der anderen Vertragspartei ausübt. Der Staat hat hierbei das öffentliche Interesse zu wahren, indem er die für das Gemeinwohl notwendigen Ziele zu erreichen sucht. Diese Ziele sollen bei dem Aufsuchen und der Gewinnung von Bodenschätzen berücksichtigt werden. Somit hat ein Vertrag über die Nutzungsrechte privatrechtliche und öffentlich-rechtliche Elemente.

Anders das deutsche Berggesetz von 1980. Hier ist der Nutzer verpflichtet, Betriebspläne für zwei Jahre sowie Rahmenbetriebspläne für einen längeren Zeitraum der zuständigen Behörde zur Zulassung vorzulegen, wodurch das öffentliche Interesse Berücksichtigung findet. Nach dem deutschen Bergbaugesetz handelt es sich bei der Bergbauberechtigung nicht um einen Vertrag, sondern um einen einseitigen hoheitlichen Verwaltungsakt.

Die öffentlich-rechtlichen Verträge im Bereich der Nutzung der Erdkörper unter der Oberfläche sind in Russland selbständige Instrumente der staatlichen Regulierung. Verträge über die Überlassung der Erdkörper unter der Oberfläche zur Nutzung können nur aufgrund der entsprechenden Willenserklärungen beider Parteien zustandekommen. Im Vertrag wird geregelt, dass das zuständige Staatsorgan als Hoheitsträger dem Vertragspartner bestimmte Handlungen oder Unterlassungen vorschreiben darf. Nach dem Abschluß des Vertrages wird ihm unter anderem das Recht gewährt, den Betrieb aus gesetzlich bestimmten Gründen einzustellen. Solche Gründe sind u. a. unmittelbare Gefahr für das Leben und die Gesundheit der Mitarbeiter oder der Bewohner im Einflussbereich des Betriebes, Verletzung der wesentlichen Bedingungen der Lizenz durch den Nutzer, regelmäßige Verletzung der Vorschriften über die Nutzung der Erdkörper unter der Oberfläche durch den Nutzer, Notstand (Umweltkatastrophen, Kampfhandlungen usw.), das Unterlassen des Nutzers, den Betrieb binnen der in der Lizenz bestimmten Frist und in dem bestimmten Umfang aufzunehmen, Liquidation des Nutzerunternehmens und das Unterlassen des Nutzers, die gesetzlich vorgesehenen Rechenschaftsberichte fristgerecht einzureichen.

Nach der geltenden Gesetzgebung enthält der Lizenzvertrag über die Überlassung der Erdkörper unter der Oberfläche zur Nutzung öffentlichrechtliche Elemente, da er unter der Bedingung der Erteilung und Eintragung der Lizenz in einem gesetzlich bestimmten Verfahren abgeschlossen wird. Bei der Durchführung von Ausschreibungen und Auktionen über die Erteilung von Lizenzen über die Nutzung der Erdkörper unter der Oberfläche zum Aufsuchen von Lagerstätten von Erdöl und Erdgas und zu deren Gewinnung werden öffentlichrechtliche Instrumente mit privatrechtlichen kombiniert, jedoch nur hinsichtlich der Organisation und Durchführung. Für die Praxis spielt die theoretische Frage über die Zulässigkeit der Anwendung der privatrechtlichen Mechanismen im Bereich der Nutzung der Erdkörper unter der Oberfläche lediglich im Zusammenhang mit der Abtretung der Nutzungsrechte eine Rolle.

Im Schrifttum werden die Rechtsnatur der Verträge über die Nutzung der Erdkörper unter der Oberfläche, der zwischen dem zuständigen föderalen Staatsorgan bzw. dem Föderationssubjekt und dem Nutzer abgeschlossen werden, die Unterteilung in Vertragstypen sowie der Abschluss solcher Verträge in einer Auktion kontrovers diskutiert. Das Verfahren bei der Übertragung der Nutzungsrechte über die Erdkörper unter der Oberfläche und die privatrechtlichen Möglichkeiten der Übertragung der Rechte durch den Nutzer auf Dritte sind ebenfalls umstritten.

Zur Klärung der Fragen kann das Föderalgesetz „Über Konzessionsvereinbarungen" herangezogen werden. Obwohl dieses Gesetz auf die Rechtsverhältnisse im Zusammenhang mit der Nutzung der Erdkörper unter der Oberfläche nicht anwendbar ist, kann die Gesetzeskonzeption auch für die Verträge über die Nutzung der Erdkörper unter der Oberfläche fruchtbar gemacht werden. Der Sinn einer Konzessionsvereinbarung besteht darin, dass der Staat dem Konzessionsnehmer einen Gegenstand zur Nutzung überlässt, damit der Konzessionsnehmer eine bestimmte Tätigkeit auf eigene Rechnung und auf eigenes Risiko ausüben kann. Nach dem Gesetz finden auf die Rechtsverhältnisse im Zusammenhang mit Konzessionen die Vorschriften des Privatrechts Anwendung.

Wenn dem Nutzer der Besitz und die Nutzungsrechte übertragen werden, kann ein Bergpachtvertrag abgeschlossen werden, der in der Gesetzgebung mehrerer Staaten geregelt ist, u. a. in den Vereinigten Staaten, Kanada, Brasilien und Frankreich. Art. 607 ZGB der Russischen Föderation, nach dem die Besonderheiten der Verpachtung der abgesonderten Naturobjekte gesetzlich bestimmt werden können, gestattet ebenfalls den Abschluss solcher Verträge. Die Besonderheiten der Verpachtung im Zusammenhang mit der Nutzung der Erdkörper unter der Oberfläche bestehen darin, dass nach der Auflösung des Pachtvertrages die Lagerstätte dem Verpächter erst nach dem Abschluss der vertraglich bestimmten Arbeiten zur Rekultivierung zurückgegeben wird.

Die Überlassung der Erdkörper unter der Oberfläche zur Nutzung aufgrund von Konzessionen wird allerdings heute kaum noch praktiziert, da die Effizienz der staatlichen Verwaltung der natürlichen Ressourcen dadurch verringert wird. Die Einführung der Production-Sharing-Vereinbarungen in der Russischen Föderation, die in vielerlei Hinsicht den Konzessionsverträgen ähnlich sind, hat nicht zu den erwarteten Erfolgen geführt. Trotz der Bemühungen des Staates und der Investoren wurden innerhalb von zehn Jahren lediglich vier Production-Sharing-Vereinbarungen abgeschlossen, drei von denen noch vor dem Inkrafttreten des Föderalgesetzes „Über die Production-Sharing-Vereinbarungen". Die Analyse der abgeschlossenen Vereinbarungen hat gezeigt, dass der Staat in der Praxis keine Einflussmöglichkeiten auf die Verwaltung der durch die Investoren aufgrund der Vereinbarung genutzten natürlichen Ressourcen hat.

Nach der zutreffenden Ansicht von A. F. Strugov können Konzessionen und Production-Sharing-Vereinbarungen in der Russischen Föderation nur sinnvoll genutzt werden, wenn die gesetzliche Regelung ausführlich und angemessen ist. Konzessionen und Production-Sharing-Vereinbarungen sind nicht geeignet für die pauschale Anwendung in einer Vielzahl von Fällen. Vielmehr stellen sie ein Instrument zur einzelprojektbezogener Unterstützung von komplexen Investitionsvorhaben durch Gewährung von Steuervergünstigungen dar.[2] Dies betrifft insbesondere Lagerstätten in Gebieten mit schlechter Infrastruktur (Hoher Norden, Ferner Osten, Festlandsockel), deren Nutzung hohe, u. a. ausländische Investitionen und den Einsatz von neuen Technologien erfordert.

Eine große Verbreitung haben die in der internationalen Praxis als „Service Agreements" bezeichneten Verträge gefunden, die mit den sog. spezialisierten Organisationen in der Phase der Aufsuchung sowie in der Phase der Gewinnung abgeschlossen werden. Aufgrund von solchen Verträgen werden entgeltlich Arbeiten verrichtet und Dienstleistungen erbracht, wobei die Risikoverteilung unterschiedlich geregelt werden kann. Im Gegensatz zu Verträgen, die in der Phase der Aufsuchung abgeschlossen werden, sind die Verträge, die in der Phase der Gewinnung abgeschlossen werden, ausführlicher und genauer, da die Lagerstätten, die Gegenstand des Vertrages sind, bereits wirtschaftlich und geologisch bewertet wurden und für die Gewinnung bereitstehen, so dass der Nutzer die rechtlich und technisch bedingten Ausgaben für die Zeit der Rentabilität der Gewinnung kalkulieren kann.

---

[2] Vgl. S. D. Valentej, E. M. Buchwald, Reform der Nutzung der Erdkörper unter der Oberfläche, Datenbank Garant.

Diese Verträge sind privatrechtlich. Obwohl sie nicht unmittelbar mit der Gewährung der Nutzungsrechte zusammenhängen, kann ein modernes System der Nutzung der Erdkörper unter der Oberfläche ohne sie nicht funktionieren. So wird die geologische Landaufnahme zum Aufsuchen und Bewertung der Lagerstätten von Bodenschätzen, wenn sie vom Staat finanziert wird, aufgrund von Werkverträgen zwischen den sog. spezialisierten Organisationen und dem zuständigen Staatsorgan durchgeführt. Die Rechtsverhältnisse zwischen dem Besteller und dem Unternehmer werden durch Kapitel 37 des Zivilgesetzbuches der Russischen Föderation sowie durch das Föderalgesetz „Über die Warenlieferung für den föderalen staatlichen Bedarf" geregelt.

Es ist weiterhin umstritten, ob der Einfluss des Staates auf die Nutzung der Erdkörper unter der Oberfläche verstärkt oder verringert werden soll. Im Gesetzesentwurf der Regierung von 2005 fehlt ein Kapitel über die staatliche Regulierung der Nutzung der Erdkörper unter der Oberfläche. Es ist umso mehr unverständlich, als sowohl durch das geltende Föderalgesetz „Über die Erdkörper unter der Oberfläche" als auch durch Regierungsverordnungen föderalen Exekutivorganen (Ministerium für Naturressourcen der Russischen Föderation, die Föderale Agentur für die Nutzung der Erdkörper unter der Oberfläche, der Föderale Dienst für die Aufsicht bei der Nutzung der Erdkörper unter der Oberfläche u. a.) wichtige Verwaltungs- und Kontrollbefugnisse übertragen wurden. Daher erscheinen die Vorwürfe der Gegner der vertraglichen Übertragung der Nutzungsrechte berechtigt, dass durch die Einführung von Verträgen die Verwaltungs- und Kontrollbefugnisse des Staates auf dem Gebiet der Nutzung der natürlichen Ressourcen und des Umweltschutzes allzu sehr eingeschränkt werden, die Gleichheit der Bedingungen für die Nutzer abgeschafft wird und eine große Anzahl von Prozessen zwischen dem Staat und den Nutzern zu erwarten ist.

Wenn die Konzeption der Regulierung der Nutzung der natürlichen Ressourcen unter Beachtung des öffentlichen Interesses ausgelegt wird, müssen die wichtigsten Verwaltungsbefugnisse (Verfügung über den staatlichen Lagerstättenfonds, staatliche Eintragung, staatlicher Kataster, Kontrolle über die sparsame Nutzung, Schutz der Erdkörper unter der Oberfläche, staatliche Aufsicht über die Gefahren, die beim Aufsuchen und Gewinnung von Bodenschätzen entstehen) sowie regelmäßige umweltrechtliche Kontrollen im Bergbau weiterhin zur Zuständigkeit der entsprechenden föderalen Staatsorgane gehören. Nach dem geltenden Gesetz werden die Lizenzen im Russischen Geologischen Fonds eingetragen, über dessen Informationssystem auch die Einhaltung der Nutzungsbedingungen regelmäßig kontrolliert werden kann. Nach Art. 48 des Entwurfs des neuen Gesetzes soll der Vertrag über die Nutzung der Lagerstätte schriftlich abgeschlossen und gemäß dem Föderalgesetz „Über die staatliche Eintragung der Rechte an Immobilien und der Rechtsgeschäfte mit Immobilien" in den Registrierungskammern des Justizministeriums der Russischen Föderation eingetragen werden. Dadurch werden die föderalen und regionalen Behörden des staatlichen Lagerstättenfonds keine Informationen über die abgeschlossenen Verträge erhalten und

somit auch keine Kontrolle über die Einhaltung der Nutzungsbedingungen ausüben können. Dieser Grundsatz wird von den Verfassern des Gesetzesentwurfs
auch in anderen Artikeln entwickelt. So sollen die Lagerstätten als Objekte im
föderalen Eigentum in den staatlichen Kataster der Lagerstätten eingetragen werden, während die Nutzungsrechte und Weiterveräußerung dieser Rechte in das
Einheitliche Register der Rechte eingetragen werden sollen. Beide Eintragungen
sollen den gleichen Inhalt, nämlich die Beschreibung der Lagerstätten nach Iden-
tifikationsmerkmalen, haben. Daneben soll die staatliche Eintragung der Lizenzen auf die Nutzung der Erdkörper unter der Oberfläche weiter bestehen. Somit
macht der Gesetzesentwurf die Eintragung nicht lediglich komplizierter, sondern
ersetzt das existierende System durch ein systemwidriges Nebeneinander.

Gasförderrechte, Förderabgaben und Bergrecht in Deutschland

Gunther Kühne

I.   Die quantitative Bedeutung der deutschen Erdgasförderindustrie

Deutschland ist bekanntlich im Weltmaßstab kein bedeutendes Erdgasförderland. Im Jahre 2005 betrug die *Erdgasförderung* rd. 18,8 Mrd. m³, davon zu 90 % im Bundesland Niedersachsen. Damit konnte die heimische Erdgasproduktion im Jahre 2005 einen Beitrag von 20 % zur Deckung der inländischen Erdgasnachfrage leisten. Die Erdgasimporte aus Russland waren mit 32 %, aus Norwegen mit 24 % und aus den Niederlanden mit 18 % an der Deckung des Erdgasbedarfs beteiligt. Die heimische Erdgasproduktion ist somit nach Russland und Norwegen die drittwichtigste Säule in der Versorgung des deutschen Erdgasmarktes.

Was die *Erdgasreserven* angeht, so beliefen sich die sicheren Erdgasreserven am 31.12.2005 auf 178,2 Mrd. m³. Der Gesamtbestand aus sicheren und wahrscheinlichen Erdgasreserven lag zum Jahresende 2005 bei 242,7 Mrd. m³. Die statistische Reichweite der deutschen Erdgasreserven beträgt damit unter Zugrundelegung der Förderung des Jahres 2005 ca. 13 Jahre. Hier ist in den letzten Jahren ein abnehmender Trend feststellbar.

Neben der Tätigkeit im Inland ist die deutsche Erdgasförderindustrie auch im Ausland, insbesondere im Nahen/Mittleren Osten, in Südamerika und in Afrika aktiv. Die Erdgasförderung deutscher Unternehmen im Ausland belief sich im Jahre 2005 auf ca. 7,5 Mrd. m³ und weist seit Jahren eine ansteigende Tendenz auf. [1]

II.   Grundsätzliche Bemerkungen zu den Rechtsquellen zur Förderung von Erdgas in Deutschland

Die Rechtsgrundlagen für die Förderung von Erdgas in Deutschland finden sich im Bergrecht.

• Das deutsche Recht kennt keine getrennten rechtlichen Ordnungen für den Bergbau auf feste Bodenschätze, z.B. Kohle, und auf flüssige/gasförmige Bodenschätze, insbesondere Kohlenwasserstoffe, also Erdöl und Erdgas. Es gibt nur ein einheitliches deutsches Bergrecht, das im Bundesberggesetz (BBergG) vom 13.08.1980[2] enthalten ist.

---

[1]   Die hier wiedergegebenen statistischen Angaben entstammen dem Jahresbericht 2005 des Wirtschaftsverbandes Erdöl- und Erdgasgewinnung e.V., Hannover.
[2]   BGBl. I 1310.

- Die bergrechtliche Ordnung ist hinsichtlich der volkswirtschaftlich bedeutsamen Bodenschätze zweistufig: Die 1. Stufe betrifft die Erteilung, den Inhalt und die Beendigung der Bergbauberechtigung, also des Verfügungsrechts über die Bodenschätze. Die 2. Stufe hat die Kontrolle des Staates über die Ausübung der Bergbautätigkeit zum Gegenstand.

Auf beiden Stufen existieren für die Bundesrepublik Deutschland verbindliche europäische Richtlinien:

1. Auf der *Ebene* der *Bergbauberechtigung* gilt die „Richtlinie 94/22/EG des Europäischen Parlaments und des Rates über die Erteilung und Nutzung von Genehmigungen zur Prospektion, Exploration und Gewinnung von Kohlenwasserstoffen", also Erdöl und Erdgas, vom 30.05.1994.[3] Diese Richtlinie, kurz auch Lizensierungsrichtlinie genannt, befasst sich im wesentlichen mit dem Prinzip und den Kriterien des diskriminierungsfreien Zugangs von Unternehmen zur Prospektion, Exploration und Gewinnung von Kohlenwasserstoffen in den Mitgliedstaaten. Die Richtlinie bedurfte in Deutschland keiner gesetzlichen Umsetzung, da das deutsche Recht schon zum Zeitpunkt ihres Erlasses alle Voraussetzungen erfüllte.

2. Viel bedeutsamer ist das europäische Recht für die Kontrolle der Ausnutzung bergbaulicher Berechtigungen, also bei der *Ausübung bergbaulicher Tätigkeit*. Hier seien beispielhaft nur die EU-Richtlinien über die Umweltverträglichkeitsprüfung bei umweltrelevanten Großprojekten[4] und über die Erhaltung der natürlichen Lebensräume sowie der wildlebenden Tiere und Pflanzen, sog. Flora-Fauna-Habitat-(FFH-)Richtlinie,[5] erwähnt. Beide Richtlinien sind in deutsches Recht umgesetzt worden[6] und haben erhebliche Auswirkungen auf die Entfaltungsmöglichkeiten der deutschen Erdgasförderindustrie.

---

[3]   Amtsblatt (ABl.) der Europäischen Gemeinschaften (EG) Nr. L 164, S. 3.

[4]   Richtlinie 85/337/EWG des Rates über die Umweltverträglichkeitsprüfung bei bestimmten öffentlichen und privaten Projekten vom 27.06.1985 (ABl. EG Nr. L 175, S. 40), geändert durch die „Richtlinie 97/11/EG des Rates vom 03.03.1997 zur Änderung der Richtlinie 85/337/EWG über die Umweltverträglichkeitsprüfung bei bestimmten öffentlichen und privaten Projekten" (ABl. EG Nr. L 73, S. 5). Nach dieser Richtlinie sind nunmehr insbesondere Tätigkeiten zur Gewinnung von Erdöl und Erdgas mit einem Fördervolumen von täglich mehr als 500 Tonnen Erdöl und von täglich mehr als 500 000 m³ Erdgas der Umweltverträglichkeitsprüfung (UVP) unterworfen.

[5]   Richtlinie 92/43/EWG des Rates zur Erhaltung der natürlichen Lebensräume sowie der wildlebenden Tiere und Pflanzen vom 21.05.1992 (ABl. EG Nr. 206, S. 7 ff.).

[6]   Die UVP-Richtlinien insbesondere in den §§ 52 - 57c des BBergG (Fn. 2), die FFH-Richtlinie im Gesetz über Naturschutz und Landschaftspflege (Bundesnaturschutzgesetz - BNatSchG) vom 25.03.2002 (BGBl. I 1193), §§ 32 - 38.

III. Erdgas im System der Einteilung der Bodenschätze

Das BBergG kennt neben den dem Grundeigentümer gehörenden, sog. grundeigenen, Bodenschätzen die aus dem Grundeigentum ausgegliederten, nur aufgrund staatlicher Verleihung nutzbaren sog. bergfreien Bodenschätze. Zu dieser Kategorie gehören alle volkswirtschaftlich wichtigen Bodenschätze, u.a. auch die Kohlenwasserstoffe, also auch Erdgas. Außerdem gehören dazu Stein- und Braunkohle „nebst den im Zusammenhang mit ihrer Gewinnung auftretenden Gasen" (§ 3 Abs. 3 BBergG). Aus dieser gesetzlichen Regelung hat sich in Deutschland vor einiger Zeit ein Problem ergeben, als verschiedene Unternehmen das in den Steinkohleflözen gebundene Methangas (Coalbed Methane, CBM) großtechnisch wie Erdgas gewinnen wollten, wie dies z.t. mit Erfolg in Amerika geschieht. Die Frage war, ob das Methangas als Teil der Kohle anzusehen ist und damit immer nur zusammen mit der Kohle Gegenstand eines Verfügungsrechts sein kann oder ob das Verfügungsrecht unabhängig von der Kohle erworben werden kann.[7] Die Verwaltungspraxis ist der zweiten Auffassung gefolgt. Die großtechnische Gewinnung von CBM hat sich jedoch aus technischen Gründen als undurchführbar erwiesen. In kleinem Rahmen wird das sog. Grubengas auf dieser Grundlage allerdings genutzt für die Wärmeversorgung von kleineren Siedlungen, Krankenhäusern etc.[8]

IV. Die Erteilung von Bergbauberechtigungen auf Erdgas

1. Nach dem *Grundsatz* des § 6 BBergG setzt bergbauliche Tätigkeit bezüglich bergfreier Bodenschätze, also auch Erdgas, die vorherige Erteilung einer Bergbauberechtigung durch den Staat voraus. Bei dieser Erteilung handelt es sich um einen staatlichen *Verwaltungsakt*. Das deutsche Bergrecht folgt damit dem Modell einseitiger staatlicher Lizensierung. Es sieht keine Verleihung von bergbaulichen Verfügungsrechten durch *Vertrag* vor,[9] wie dies in ausländischen Berg-

---

[7] Vgl. dazu eingehend: *Kühne*, Rechtsfragen der Aufsuchung und Gewinnung von in Steinkohlenflözen beisitzendem Methangas, 1994; ferner: *Franke,* Rechtsfragen der Methangasgewinnung aus Steinkohleflözen in: RdE 1994, 1 ff.; *ders.*, Rechtsfragen der Nutzung erneuerbarer Energien: Grubengas und Geothermie, in: Burgi (Hrsg.), Planungssicherheit im Energiewirtschaftsrecht, 2003, S. 93 ff.

[8] Die Nutzung des Grubengases wird sogar nach dem Erneuerbare-Energien-Gesetz (EEG) finanziell gefördert (§ 2 Abs. 1 Nr. 1, § 5 Abs. 1 EEG).

[9] In einzelnen Teilen Deutschlands hat es in der Vergangenheit Bergbau auf Kohlenwasserstoffe mittels sog. Konzessionsverträgen zwischen dem Staat und dem Unternehmer gegeben, z.b. auf der Grundlage des dem Staate nach der preussischen „Verordnung über die Berechtigung zur Aufsuchung und Gewinnung von Erdöl und anderen Bodenschätzen (Erdölverordnung)" v. 13.12.1934 vorbehaltenen Rechts zur Aufsuchung und Gewinnung insbesondere von Erdöl, vgl. dazu *Ebel/Weller*, Allgemeines Berggesetz, 2. Aufl. 1963, S. 466 ff.

116

rechtsordnungen nicht selten vorkommt, z.b. in Form von sog. Production-Sharing-Agreements (PSA).[10]

2. § 6 BBergG sieht für unterschiedliche bergbauliche Tätigkeiten *unterschiedliche Bergbauberechtigungen* vor: Wer bergfreie Bodenschätze aufsuchen will, bedarf der Erlaubnis, wer bergfreie Bodenschätze gewinnen will, der Bewilligung. Auf Antrag kann die Bewilligung in bestimmten Fällen in sog. Bergwerkseigentum umgewandelt werden (§ 13 BBergG), um die Bergbauberechtigung als Kreditsicherungsmittel verwendbar zu machen. In der Erdöl- und Erdgasförderindustrie ist davon bislang aber kein erkennbarer Gebrauch gemacht worden.

3. Als *Antragsteller* kommen gemäß § 6 Abs. 1 Satz 2 BBergG in Betracht: natürliche und juristische Personen (AG, GmbH) und Personenhandelsgesellschaften (OHG, KG). Keine Bergbauberechtigung können damit Gesellschaften des bürgerlichen Rechts erwerben, die gleichwohl in Gestalt von Konsortien in der Bergbauwirtschaft eine große Rolle spielen. Hier hilft man sich in der Weise, dass die Bergbauberechtigung entweder einem Konsortialmitglied allein oder den Mitgliedern des Konsortiums gemeinschaftlich erteilt wird.

4. Zur *Erteilung* der Bergbauberechtigungen selbst und ihrer Voraussetzungen ist zunächst festzuhalten, dass das deutsche Bergrecht dem Antragsteller einen Rechtsanspruch auf Verleihung gewährt, wenn er die im Gesetz festgelegten Voraussetzungen erfüllt. Diesen Rechtsanspruch kann der Antragsteller auch vor den Verwaltungsgerichten einklagen. Die Behörde hat damit kein Ermessen, die Verleihung aus im Gesetz nicht genannten Gründen zu verweigern.[11] Das deutsche Recht wird deshalb auch als „open-door-System" bezeichnet. Anders als in zahlreichen anderen Ländern hängt die Erlangbarkeit einer Bergbauberechtigung damit nicht davon ab, dass der Staat die jeweilige Lagerstätte zur Vergabe oder Verleihung freigibt. Ein Unternehmen, das in Deutschland Erdöl und Erdgas aufsuchen und - im Falle der erfolgreichen Aufsuchung – gewinnen will, benötigt in der Regel zwei hintereinandergeschaltete Bergbauberechtigungen: eine Erlaubnis für die Aufsuchung und eine Bewilligung für die Gewinnung. Die Voraussetzungen unter denen die Behörde eine Erlaubnis/Bewilligung erteilen muss, ergeben sich aus § 11 Nr. 1 - 10, § 12 Abs. 1 BBergG, wobei sich die

---

[10]   Zur vergleichenden Betrachtung von Vertragssystemen und Verwaltungsaktsystemen unter dem besonderen Blickwinkel des Bestandsschutzes vgl. *Kühne*, Bergbauberechtigungen und Bestandsschutz, in: Festschrift für B. Börner, 1992, S. 565 ff.; *ders.*, Oil and Gas Licensing: Some Comparative United Kingdom - German Aspects, in: Journal of Energy and Natural Resources Law (J.E.R.L.) 4 (1986), S. 150 ff.

[11]   Vgl. statt vieler: *Kremer/Neuhaus gen. Wever*, Bergrecht, 2001, Rdnr. 113.

Voraussetzungen in projektbezogene, subjektiv-antragstellerbezogene und objektiv-gemeinwohlbezogene unterteilen lassen. [12]

Stichwortartig lassen sich die gesamten Voraussetzungen für die Erlaubnis (§ 11) folgendermaßen benennen: *Projektbezogene Voraussetzungen* sind die Bezeichnung des Bodenschatzes (Nr. 1), die Feldesbezeichnung (Nr. 2), die Vorlage eines Arbeitsprogramms, in dem insbesondere dargelegt ist, dass die vorgesehenen Aufsuchungsarbeiten hinsichtlich Art, Umfang und Zweck ausreichend sind und in einem angemessenen Zeitraum erfolgen (Nr. 3), die Verpflichtung zur Bekanntgabe der Ergebnisse gegenüber der Behörde (Nr. 4), bei wissenschaftlichen und großräumigen Aufsuchungen die Verpflichtung zur Beteiligung von Inhabern gewerblicher Erlaubnisse und Bewilligungen (Nr. 5). *Subjektiv-antragstellerbezogene Voraussetzungen* sind Zuverlässigkeit (Nr. 6) und finanzielle Leistungsfähigkeit (Nr. 7) des Antragstellers. Die *objektiv-gemeinwohlbezogenen Voraussetzungen* umfassen die Gewährleistung einer sinnvollen und planmäßigen Aufsuchung und Gewinnung von bergfreien oder grundeigenen Bodenschätzen (Nr. 8), die Nichtbeeinträchtigung von Bodenschätzen, deren Schutz im öffentlichen Interesse liegt (Nr. 9), sowie die Tatsache, dass überwiegende öffentliche Interessen die Aufsuchung nicht im gesamten zuzuteilenden Feld ausschließen (Nr. 10).

Die letztgenannte Vorschrift soll vor allem die Erteilung von Bergbauberechtigungen verhindern, von denen bereits bei der Antragstellung feststeht, dass sie niemals würden ausgeübt werden können. [13]

Für die *Bewilligung* gilt Entsprechendes: Sie ist zu erteilen, wenn der Nachweis der Entdeckung der Bodenschätze geführt ist (Nr. 1), das Gewinnungsfeld angegeben (Nr. 2), die Gewinnbarkeit des Bodenschatzes nachgewiesen (Nr. 3) oder ein Arbeitsprogramm vorgelegt wird, aus dem insbesondere hervorgeht, dass die technische Durchführung der Gewinnung und die danach erforderlichen Einrichtungen ausreichend sind und die Gewinnung in einer angemessenen Zeit erfolgt (Nr. 4). Im Übrigen gelten die subjektiv-antragstellerbezogenen und objektiv-gemeinwohlbezogenen Versagungsgründe bei der Erlaubnis hier entsprechend.

Bei einer *Mehrheit von Anträgen* ist der Gesetzgeber *nicht* dem traditionellen Grundsatz des *zeitlichen Vorrangs* gefolgt. Vielmehr bekommt der Antragsteller die Berechtigung, der das beste Arbeitsprogramm vorlegt (vgl. § 14 Abs. 2 BBergG).

---

[12] Zu den Voraussetzungen im einzelnen vgl. *Boldt/Weller*, Bundesberggesetz, 1984, Rn. 4 - 13 zu § 11.
[13] Vgl. *Kühne*, aaO. (Fn. 7), S. 85.

V. Übertragung der Bergbauberechtigungen

Bergbauberechtigungen sind grundsätzlich übertragbar. § 22 Abs. 1 BBergG bindet die Übertragung jedoch an die Zustimmung der zuständigen Behörde. Die Behörde darf die Zustimmung allerdings nur versagen, wenn bestimmte, im Gesetz näher aufgeführte Voraussetzungen der §§ 11, 12 BBergG nicht vorliegen. Diese Regelung soll vor allem die Umgehung von Erteilungs-voraussetzungen mittels Übertragung, z.b. im Falle der Unzuverlässigkeit oder finanziellen Leistungsunfähigkeit des Berechtigungsinhabers, verhindern.

VI. Investitions- und Bestandsschutz für Bergbauberechtigungen

Bergbauliche Investitionen im Allgemeinen und Investitionen in Gasförderprojekte im Besonderen zeichnen sich durch besondere Umstände aus: der aleatorische Charakter in der Aufsuchungsphase, die lange Dauer eines Projekts und das relativ späte Erreichen der Rentabilitätsschwelle. Diese Merkmale führen dazu, dass das Problem der Investitionssicherheit von Gasförderberechtigungen über die gesamte Lebensdauer des Projekts sowohl unter wirtschaftlichen als auch rechtsstaatlichen Gesichtspunkten von besonderer Bedeutung ist, wie auch die rechtsvergleichende Betrachtung neuerer Berggesetze zeigt. Es tritt an verschiedenen Stellen in Erscheinung:

- Zunächst geht es um eine Befristung der Berechtigung, die die Ausbeutung der Lagerstätte ermöglicht. Eine Erlaubnis ist auf höchstens 5 Jahre zu befristen, soll aber jeweils um 3 Jahre verlängert werden, soweit das Erlaubnisfeld trotz planmäßiger, mit der zuständigen Behörde abgestimmter Aufsuchung noch nicht ausreichend untersucht werden konnte (§ 16 Abs. 4 BBergG). Die Frist für die Bewilligung soll so bemessen sein, dass sie im Einzelfall für die Durchführung der Gewinnung angemessen ist (§ 16 Abs. 5 S. 1 BBergG). Dabei dürfen 50 Jahre nur überschritten werden, soweit dies mit Rücksicht auf die für die Gewinnung üblicherweise erforderlichen Investitionen notwendig ist (§ 16 Abs. 5 S. 2 BBergG). Eine Verlängerung bis zur voraussichtlichen Erschöpfung des Vorkommens bei ordnungs- und planmäßiger Gewinnung ist zulässig (§ 16 Abs. 5 S. 3 BBergG). Diese Regelung zeigt deutlich das Bemühen des Gesetzgebers, sowohl eine zügige Rohstoffausbeutung als auch den Schutz der Investitionen des Bergbautreibenden zu gewährleisten.

- Eine weitere Frage stellt sich, wenn sich nach Erteilung der Berechtigung herausstellt, dass eine der Voraussetzungen, die zur Erteilung geführt haben, später nicht mehr gegeben ist. Hier kann und muss die Behörde nachträgliche Auflagen anordnen, durch die die Sicherstellung der Voraussetzungen wieder gewährleistet ist. Sie darf dies jedoch nur tun, soweit die

Auflagen für den Berechtigungsinhaber technisch erfüllbar und wirtschaftlich vertretbar sind (§ 16 Abs. 3 BBergG). Sind Voraussetzungen zur Erteilung der Bergbauberechtigung nachträglich weggefallen, die einschränkenden Voraussetzungen für nachträgliche Auflagen aber nicht gegeben, muss die Behörde die Berechtigung (Erlaubnis und Bewilligung) widerrufen (§ 18 Abs. 1 BBergG). Dabei ist jedoch wichtig, dass die Behörde den Inhaber nach allgemeinem Verwaltungsverfahrensrecht für die wirtschaftlichen Verluste zu entschädigen hat, die er in schutzwürdigem Vertrauen auf den Bestand der Berechtigung erlitten hat (§ 49 Abs. 6 des Verwaltungsverfahrensgesetzes, VwVfG).[14] Die verfassungsrechtliche Wurzel dieser Entschädigungspflicht wird teilweise im Rechtsstaatsprinzip (Art. 20 Abs. 3 GG), das dem Bürger und dem Unternehmer einen Schutz seines Vertrauens in die Beständigkeit staatlicher Entscheidungen gewährt, teilweise in der Eigentumsgarantie des Art. 14 GG gesehen.[15]

- Bergbauberechtigungen sind ferner zu widerrufen (§ 18 Abs. 2 - 4 BBergG), wenn der Inhaber die Aufsuchung oder Gewinnung innerhalb bestimmter Fristen nicht aufnimmt oder die Aufsuchung bzw. Gewinnung für einen längeren Zeitraum als diese Fristen unterbricht. Dieses Widerrufsrecht besteht nicht, solange Gründe einer wirtschaftlich sinnvollen betrieblichen Planung oder sonstige Gründe, z.B. Preisverfall des Bodenschatzes, die Untätigkeit des Inhabers der Berechtigung rechtfertigen. Mit dieser Regelung hat der Gesetzgeber einen Kompromiss zwischen dem öffentlichen Interesse an zügiger Rohstoffproduktion und den wirtschaftlich-betrieblichen Belangen des Berechtigungsinhabers finden wollen.

- Ein in vielen Bergrechtsordnungen[16] auftauchendes Problem stellt sich, wenn ein Unternehmer auf Grund einer Erlaubnis Aufsuchungstätigkeiten durchgeführt und dabei den Bodenschatz, z.B. Gas, entdeckt hat: Hat er jetzt ohne weitere Voraussetzungen einen Rechtsanspruch auf Erteilung einer Bewilligung? Bei der Beantwortung dieser Frage muss man sich zunächst zwei Gesichtspunkte klarmachen: Im Normalfall investiert ein Unternehmer in eine Aufsuchung nur, um den in seinem Feld entdeckten Bodenschatz (Gas) auch gewinnen zu können. Ferner muss man sich vergegenwärtigen, dass es zwischen Aufsuchung und Gewinnung einen en-

---

[14] Vgl. statt vieler: *Boldt/Weller*, aaO. (Fn. 12), Rdnr. 8 zu § 18.

[15] Vgl. dazu statt vieler: *Kopp/Ramsauer*, Kommentar zum Verwaltungsverfahrensgesetz (VwVfG), 9. Aufl. 2005, Rdnr. 78 zu § 49. Zum Eigentumsschutz öffentlich-rechtlicher Berechtigungen vgl. auch unten Fn. 28 und den dazugehörigen Text.

[16] Vgl. z.B. für Australien *McConvill/Bagaric*, The Right to Convert Exploration Licences to Mining Leases in Australia: a Proposed National Uniform Model, in: Journal of Energy and Natural Resources Law (JERL) 21 (2003), S. 241 ff.

gen Finanzierungszusammenhang[17] gibt: Die Aufwendungen für die zahlreichen erfolglosen Aufsuchungen müssen mit den Gewinnen aus der
Produktion in den entdeckten Lagerstätten finanziert werden. Aufsuchung
und Gewinnung sind damit Entwicklungsstufen eines einheitlichen wirtschaftlichen Vorgangs. [18] Diese wirtschaftliche Einheitlichkeit droht juristisch dadurch zerrissen zu werden, dass Aufsuchung und Gewinnung zwei
selbständigen Verwaltungsverfahren zugewiesen werden. Auch das deutsche Bergrecht leidet an dieser Schwäche, wie zahlreiche andere Bergrechtsordnungen in der Welt. [19] Allerdings darf der Staat nach § 12 Abs. 2
BBergG die Bewilligung zur Gewinnung nur aus Gründen ablehnen, die
erst *nach* der Erteilung der Erlaubnis eingetreten sind. Dieser Vertrauens-
schutz ist jedoch zu schwach ausgestaltet. Sinnvoll wäre es, Aufsuchung
und Gewinnung zu einer einheitlichen Berechtigung in der Weise zu verbinden, dass der Inhaber mit der Entdeckung des Gases auch juristisch eine Anwartschaft für die Gewinnung erwirbt.[20]

VII. Bestandsschutz und Ausübung des Förderrechts

Trotz des somit grundsätzlich bestehenden Bestandsschutzes für Gasförderrechte ist jedoch nicht sichergestellt, dass der Inhaber des Förderrechts sein Gewin-
nungsrecht in jedem Falle und in vollem Umfange ausnutzen kann. Für die tat-
sächliche Ausübung des Gewinnungsrechts benötigt der Inhaber noch weitere
Genehmigungen nach dem BBergG. Dabei handelt es sich um die sog. Betriebsplanzulassungen.[21] Der Unternehmer muss regelmäßig zu Beginn seiner Tätigkeit die behördliche Zulassung eines sog. Rahmenbetriebsplans einholen, der

---

[17] Vgl. *Kühne*, Anmerkung zu BGH, Urteil vom 09.12.2004 - III ZR 263/04 - DVBl. 2005,
373 ff., in: DVBl. 2005, 978 f. (979).
[18] Vgl. auch insoweit und rechtsvergleichend *Kühne*, FS B. Börner (Fn. 10), S. 578, im Anschluss an *Piens/Schulte/Graf Vitzthum*, Bundesberggesetz, 1983, Rdnr. 9 zu
§ 12; *H. Westermann*, Freiheit des Unternehmers und des Grundeigentümers und ihre Pflich-
tenbindungen im öffentlichen Interesse nach dem Referentenentwurf eines BBergG, 1973, S.
34.
[19] Zu diesem Problemkreis vgl. *J.P. Williams*, Legal Reform in Mining: Past Present and
Future, in: Bastida/Wälde/Warden-Fernández (Hrsg.), International and Comparative Mineral
Law and Policy - Trends and Prospects, 2005, S. 37 ff. (54 f.), der auch von neuartigen
Berechtigungsformen, die speziell dieses Problem lösen sollen, berichtet, so z.B. von der im
peruanischen Bergbauinvestitionsgesetz von 1991 vorgesehenen kombinierten Aufsuchungs-
und Gewinnungskonzession. Unter der Geltung des echten Staatsvorbehalts mit
Konzessionsverträgen (vgl. oben Fn. 9) kannte auch das deutsche Recht einen kombinierten
Aufsuchungs- und Gewinnungsvertrag mit bedingter Übertragung des Gewinnungsrechts für
den Fall der Fündigkeit, vgl. dazu *Kühne*, aaO. (Fn. 17), 980.
[20] Vgl. die Angaben in Fn. 19.
[21] Das Betriebsplanverfahren und die Voraussetzungen der Zulassung von Betriebsplänen
sind in den §§ 50 ff. BBergG geregelt.

das Projekt als Ganzes oder zumindest in seinem wesentlichen Teil beschreibt.[22] In regelmäßigen Zeitabständen muss der Unternehmer dann für die einzelnen Abschnitte des Projekts weitere Betriebsplanzulassungen[23] erwirken. Zweck dieser behördlichen Verfahren ist vor allem die Prüfung, ob die Ausführung des Projekts mit den Anforderungen des Allgemeinwohls, insbesondere im Hinblick auf die Sicherheit und in neuerer Zeit zunehmend auch auf die bergbauspezifischen Aspekte der Umweltverträglichkeit, übereinstimmt.[24] Neben diesen Verfahren sind u.U. noch weitere, getrennte Genehmigungen außerhalb des Bergrechts, insbesondere des Umweltrechts zu erwirken.[25] Innerhalb des Umweltrechts spielt auch für die Gasförderindustrie das ganz überwiegend auf europarechtliche Grundlagen zurückgehende Natur- und Landschaftsschutzrecht eine besondere Rolle.[26] Diese Rechtsnormen stellen auch an bergbauliche Vorhaben z.T. strenge Anforderungen, die zur Folge haben, dass zahlreiche Projekte nur unter Einschränkungen und zuweilen auch überhaupt nicht durchgeführt werden können. Bei der Anwendung dieser Vorschriften müssen Behörden und Gerichte oft schwierige Abwägungsentscheidungen zwischen den sich gegenüberstehenden Interessen treffen. Dabei handelt es sich auf der einen Seite insbesondere um umwelt-, insbesondere naturschutzbezogene Interessen und zum anderen um zugunsten der Durchführung des Projekts sprechende Gesichtspunkte. Das BBergG erkennt dabei der Rohstoffsicherung und dem Interesse an der Sicherung der Energieversorgung einen hohen Stellenwert zu.[27] Zusätzlich kann bei solchen Abwägungsentscheidungen für die Durchführung des Projekts das Eigentumsgrundrecht des Inhabers des Gewinnungsrechts geltend gemacht werden. Dies hängt damit zusammen, dass das deutsche Verfassungsrecht und auch die Grundrechtsgarantien des europäischen Gemeinschaftsrechts den Eigen-

---

[22] Vgl. § 52 Abs. 2 Nr. 1 BBergG: Ein solcher Rahmenbetriebsplan ist grundsätzlich nur auf Verlangen der Behörde vorzulegen. Er ist jedoch nach § 52 Abs. 2a BBergG obligatorisch, wenn ein Projekt einer UVP bedarf.

[23] Es handelt sich um die in der Regel alle zwei Jahre vorzulegenden Hauptbetriebspläne (§ 52 Abs. 1 Nr. 1 BBergG), evtl. in bestimmten Fällen um Sonderbetriebspläne (§ 52 Abs. 2 Nr. 2 BBergG).

[24] Die materiellen Voraussetzungen für die Zulassung von Betriebsplänen sind in der Vorschrift des § 55 BBergG enthalten, zu der noch die Bestimmung des § 48 Abs. 2 BBergG hinzutritt. Auch insoweit handelt es sich um eine gebundene Erlaubnis, bei der der Behörde kein Ermessen zusteht, vgl. BVerwGE 100, 1 ff. (10); *Kühne*, Obligatorische Rahmenbetriebsplanzulassung im Bergrecht und ihre Wirkungen, in: DVBl. 2006, 662 ff. (663 f.).

[25] Nach § 48 Abs. 1 S. 1 BBergG gelten grundsätzlich alle die Aufsuchung und Gewinnung von Bodenschätzen beschränkenden oder sogar verhindernden Vorschriften, insbesondere solche des Umweltrechts, in vollem Umfange neben den bergrechtlichen Vorschriften.

[26] Vgl. oben Fn. 4, 5 und 6.

[27] Nach § 48 Abs. 1 S. 2 BBergG ist bei Anwendung der dem Bergbau entgegenstehenden Vorschriften „dafür Sorge zu tragen, dass die Aufsuchung und Gewinnung so wenig wie möglich beeinträchtigt wird" (sog. Rohstoffsicherungsklausel).

tumsschutz auch vom Staate selbst begründeten Rechtspositionen zuerkennen, sofern sie auf eigener Leistung (Arbeit oder Kapital) des Inhabers beruhen.[28]

VIII. Feldes- und Förderabgaben

Hinsichtlich der vom Unternehmen an den Staat zu zahlenden Abgaben hat das BBergG von 1980 als Grundsatz eine Abgabenpflicht für die Aufsuchung und für die Gewinnung bergfreier Bodenschätze eingeführt. Für Erdgas bedeutete diese Regelung allerdings nur eine Modifikation der schon vorher bestehenden Pflicht zur Zahlung von Förderzinsen auf der Grundlage von sog. Konzessionsverträgen, die in den Jahren von 1934 bis 1982 zwischen dem Staat und den Unternehmen abgeschlossen worden waren.[29] Nach § 30 Abs. 1 BBergG hat der Inhaber einer *Erlaubnis* zur Aufsuchung zu gewerblichen Zwecken jährlich eine *Feldesabgabe* zu entrichten. Sie beträgt im ersten Jahr nach der Erteilung 5 Euro je angefangenen Quadratkilometer und erhöht sich für jedes folgende Jahr um weitere 5 Euro bis zum Höchstbetrag von 25 Euro. Nach § 31 Abs. 1 BBergG hat der Inhaber einer *Bewilligung* für die innerhalb des jeweiligen Jahres aus dem Bewilligungsfeld gewonnenen Bodenschätze eine *Förderabgabe* zu entrichten. Gemäß § 31 Abs. 2 BBergG beträgt die Förderabgabe zehn Prozent des Marktwertes der geförderten Bodenschätze.

Die *näheren Einzelheiten* der Feldes- und Förderabgabe sind in Rechtsverordnungen der Bundesländer geregelt, für die § 32 BBergG die verfassungsrechtlich geforderte (Art. 80 Abs. 1 GG) Ermächtigung liefert. Diese Bestimmung ermöglicht es auch den Landesregierungen, u.a. den Prozentsatz der Förderabgabe abweichend von dem 10-Prozent-Satz des § 31 Abs. 2 BBergG innerhalb einer Spanne zwischen 0 und 40 % festzusetzen, soweit dies zur Abwehr einer Gefährdung der Wettbewerbslage der Förderunternehmen, zur Sicherung der Versorgung des Marktes mit Rohstoffen, zur Verbesserung der Ausnutzung von Lagerstätten oder zum Schutz sonstiger volkswirtschaftlicher Belange erforderlich ist. Der Einschätzungsspielraum des Staates ist dabei verhältnismäßig groß.[30] Im Bereich der *Erdgasförderung* kommt dem Land Niedersachsen, in dem 90 % des Erdgases in Deutschland produziert werden, eine Schlüsselrolle auch für die

---

[28]   Zum deutschen Verfassungsrecht insbesondere: BVerfGE 72, 9 ff. (18 ff.) – sozialversicherungsrechtliche Ansprüche (Arbeitslosengeld); bergrechtliche Berechtigungen sind als „Eigentum" i.S. des Art. 14 GG anerkannt worden in BVerfGE 77, 130 ff. (136) – Bergwerkseigentum; BGHZ 146, 98 ff. (104) - bergrechtliche Bewilligungen (§ 8 BBergG); BGH DVBl. 2005, 373 ff. - bergrechtliche Erlaubnis (§ 7 BBergG). Zum europäischen Eigentumsschutz vgl. *Rengeling/Szczekalla*, Grundrechte in der Europäischen Union, 2004, Rdnr. 811 m.w.Nachw.

[29]   Vgl. oben Fn. 9.

[30]   Vgl. zum System der Förderabgabe, insbesonere auch der Kriterien des § 32 Abs. 2 BBergG, *Kühne*, Die Förderabgabe im Schnittpunkt von Bergrecht und Finanzverfassungsrecht, in: Der Betrieb 1982, 1693 ff.

Festlegung der Förderabgabe zu. Innerhalb des Zeitraums zwischen 1982 (In-krafttreten des BBergG) und 2000 hat die Förderabgabe (hauptsächlich in Ab-hängigkeit vom Weltmarktpreis und der Ertragskraft der einzelnen Felder) zwi-schen 0 (1988 - 1990) und 38 (1983 - 1986) Prozent geschwankt.

Seit dem Jahre 2000 zeigt die Statistik für das führende Erdgasförderland *Nie-dersachsen* jeweils ab 1. Januar folgendes Bild: 2000: 17, 2001: 24, 2002: 21, 2003: 22, 2004: 28, 2005: 28, 2006: 32 Prozent. [31]

IX. Zuständigkeiten des Bundes und der Bundesländer

Zum Abschluss seien noch einige Bemerkungen zur Verteilung der Zuständig-keiten zwischen dem Bund und den Bundesländern angefügt. Sobald man in die-sem Zusammenhang von Zuständigkeiten spricht, muss man zwischen *Gesetz-gebungszuständigkeit* und *Verwaltungszuständigkeit*, d.h. Zuständigkeit zur Ausführung des Bergrechts, unterscheiden:

- Für den Bereich der *Gesetzgebung* hat der Bund nach Art. 74 Nr. 11 des Grundgesetzes (GG) die konkurrierende Gesetzgebungszuständigkeit für das Bergrecht. Er darf von ihr Gebrauch machen, sofern ein Erfordernis zur bundeseinheitlichen Regelung besteht (Art. 74 Nr. 11 GG). Im Jahre 1980 hat der Bundesgesetzgeber gegen den Widerstand einiger Bundes-länder ein solches Erfordernis bejaht und das Bergrecht zum ersten Mal in der deutschen Geschichte vollständig im BBergG geregelt. Für die Bun-desländer besteht gegenwärtig keine Zuständigkeit zu gesetzlichen Rege-lungen im Bereich des Bergrechts, da die Ausnutzung der Gesetzge-bungszuständigkeit durch den Bund die Gesetzgebungsbefugnis der Län-der beseitigt hat.

- Demgegenüber liegt die Zuständigkeit zur *Ausführung* des BBergG ent-sprechend der allgemeinen Regel der Art. 83, 84 GG bei den Bundeslän-dern. Alle Bergbauberechtigungen und Genehmigungen (insbesondere Betriebsplanzulassungen) auf der Grundlage des BBergG werden danach von den Behörden der Länder erteilt, die auch die zuständigen Behörden bestimmen. Nach ausdrücklicher Bestimmung der §§ 30 Abs. 2, 31 Abs. 3 BBergG sind auch die Feldes- und vor allem die Förderabgabe an das je-weilige Land zu entrichten, also vor allem *Niedersachsen*. Mittelbar be-einflussen allerdings die Einnahmen des Landes *Niedersachsen* aus der Erdgasförderabgabe, im Jahre 2005 immerhin 559,6 Mill. €,[32] über das

---

[31] Ausnahmeregelungen greifen in besonderen Fällen ein. Hinsichtlich der Quelle der Angaben vgl. Fn. 1.
[32] Hinsichtlich der Quelle der Angaben vgl. Fn. 1.

horizontale Finanzausgleichssystem unter den Bundesländern auch die Haushalte der übrigen Bundesländer.

X. Schlußbemerkungen

Insgesamt lässt sich bei einer Bewertung des geltenden deutschen Rechtsrahmens für die Gasförderrechte nach dem BBergG feststellen, dass sich in der bisherigen 25-jährigen Geltungszeit des BBergG keine gravierenden Mängel gezeigt haben. Insbesondere für das Verfahren der Erteilung von Aufsuchungs- und Gewinnungsberechtigungen mag das allerdings auch daran liegen, dass die Funktionsfähigkeit des Rechtsrahmens wegen Mangels an freien Lagerstätten nicht ausreichend getestet werden konnte. Ein offenkundiges Defizit dürfte indes in dem zu geringen Schutz des Aufsuchungsberechtigten liegen, bei Entdeckung des Bodenschatzes, hier des Erdgases, eine gesicherte Anwartschaft auf die Erlangung einer Gewinnungsberechtigung (Bewilligung) innezuhaben.

Zu den eindeutig positiven Aspekten des bergrechtlichen Ordnungsrahmens gerade auch im Bereich der Bergbauberechtigungen (Gasförderrechte) gehört die Wahrung der Rechtsstaatlichkeit bei der Verleihung wie auch beim Bestandsschutz während der Geltungsdauer dieser Berechtigungen. Das deutsche Bergrecht ist hier im Grundsatz erfolgreich bemüht, den Gedanken des Investitionsschutzes des Unternehmers auf der einen Seite und die Wahrung gemeinwohlbezogener Interessen auf der anderen aufeinander abzustimmen. Diese Qualität verdankt der bergrechtliche Rechtszustand allerdings nicht nur dem Bergrecht selbst, sondern wesentlich auch dem allgemeinen, insbesondere verfassungsrechtlichen (Rechtsstaatsprinzip, Eigentumsgarantie) Ordnungsrahmen, in den das Bergrecht eingebettet ist.

Im Übrigen liegen die Probleme der Verwirklichung von Bergbauvorhaben in Deutschland eher bei den Einengungen der Berechtigungsinhaber in der *Ausnutzung* der Berechtigungen – Einengungen, die ihre Ursache vor allem in den hohen umweltpolitischen Zielsetzungen nicht nur Deutschlands, sondern auch der Europäischen Gemeinschaften finden.

Zuständigkeiten der Subjekte der Russischen Föderation im Zusammenhang mit der Nutzung der Erdkörper unter der Oberfläche und dem Umweltschutz

Irina A. Larotschkina

Die Lösung der Probleme, die Thema des russisch-deutschen Runden Tisches sind, ist von hoher Aktualität für die Russische Föderation sowie für die Republik Tatarstan, die eine der höchstentwickelten russischen Regionen in wirtschaftlicher und sozialer Hinsicht ist.

Bekanntlich wird der Erfolg, die Effizienz und Effektivität des Systems der Staatsverwaltung immer und überall durch die Qualität sowie Einheitlichkeit der Rechtsgrundlagen bedingt, die die Beziehungen zwischen den Organen der Staatsverwaltung und den Wirtschaftssubjekten und anderen privaten Subjekten regeln. Davon, ob die Normen der Gesetzgebung die soziale und wirtschaftliche Situation und das Potential der natürlichen Ressourcen berücksichtigen, hängt die Lösung konkreter Aufgaben durch Organe der Staatsverwaltung ab.

Die Russische Föderation und die Bundesrepublik Deutschland sind föderative Staaten, wodurch sich das große Interesse der russischen Seite für die Rechtsgrundlagen der staatlichen Verwaltung in Deutschland erklären lässt. Es ist international anerkannt, dass die Rechtsgrundlagen der staatlichen Verwaltung in Deutschland ein Musterbeispiel für die Umsetzung des Grundsatzes des Föderalismus in der Staatsorganisation darstellen. Heute können wir aufgrund der vergleichenden Analyse der Rechtsordnungen und der wichtigsten Gesetze unserer Staaten im Bereich der Nutzung der Erdkörper unter der Oberfläche und des Umweltschutzes feststellen, dass unsere Systeme viel gemeinsam haben.

Die einheitliche Staatspolitik in der Russischen Föderation im Bereich der Nutzung der Erdkörper unter der Oberfläche beruht auf zwei wichtigsten Grundsätzen: zum einen, die Erhaltung des Staatseigentums an den Erdkörpern unter der Oberfläche und an den dort befindlichen Bodenschätzen, und, zum anderen, eine klare Abgrenzung der Zuständigkeiten zwischen der Russischen Föderation und den Föderationssubjekten im Bereich der Nutzung und des Schutzes der Erdkörper unter der Oberfläche. Gemäß Art. 72 der Verfassung der Russischen Föderation gehören der Besitz, die Nutzung und die Verfügung über die Erdkörper unter der Oberfläche zur gemeinsamen Zuständigkeit der Russischen Föderation und der Föderationssubjekte. Bis vor kurzem stellte der sog. „Zwei-Schlüssel-Grundsatz" (gemeinsame Entscheidungen über die Nutzung und Verfügung über die Erdkörper unter der Oberfläche), der im Gesetz der Russischen Föderation „Über die Erdkörper unter der Oberfläche" festgelegt war, die Grundlage der regionalen Politik in bezug auf Bodenschätze auf dem Gebiet der Region dar. Nachdem Art. 13 des Föderalgesetzes Nr. 122-FZ vom 22. August 2004 verabschiedet wurde, wurde die Grundlage der Abgrenzung nach der Anordnung des Staatlichen Lagerstättenfonds geändert und die Zuständigkeiten der Föderationssubjekte eingeschränkt. Derzeit unterliegen die kohlenhydrathaltigen Rohstoffe, die meisten festen Bodenschätze und Grundwasser der Verfügungsgewalt der föderalen Staatsorgane. Sie üben auch Kontrolle und Regulierung im Zusammenhang mit der Nutzung der Erdkörper unter der Oberfläche aus.

An die Föderationssubjekte wurden folgende Befugnisse delegiert:

Beteiligung an der Vorbereitung und Umsetzung der staatlichen Programme der geologischen Landaufnahmen, Regenerierung der Ressourcen und rationalen Nutzung der Erdkörper unter der Oberfläche im Rahmen der Zuständigkeit der Regionen;

Verabschiedung und Verbesserung der Gesetze und anderer normativer Rechtsakte der Föderationssubjekte über die Erdkörper unter der Oberfläche;

Vorbereitung und Umsetzung der lokalen Programme der Entwicklung und Nutzung der Ressourcen;

Staatliche Kontrolle über die geologischen Landaufnahmen, den Schutz und die rationale Nutzung der Erdkörper unter der Oberfläche gemäß dem festgelegten Verfahren;

Überlassung der Vorkommen der allgemein verbreiteten Bodenschätze und der Erdkörper unter der Oberfläche von lokaler Bedeutung zur Nutzung.

Die Einschränkung der Befugnisse der regionalen Exekutivorgane im Bereich der Verwaltung der Nutzung der Erdkörper unter der Oberfläche auf dem Gebiet der Region ruft auch in der Republik Tatarstan, die ich repräsentiere, große Besorgnis hervor.

Die Republik Tatarstan ist reich an Bodenschätzen und daher imstande, die Erdölindustrie aufgrund der Vorkommen, die sich in der Region befinden, zu entwickeln. Es bestehen große Reserven der kohlenhydrathaltigen Rohstoffe, und diese Reserven werden vergrößert, um die langfristige Entwicklung der russischen Erdölindustrie zu unterstützen.

Von der Effizienz der Verwaltung hängt die nachhaltige Entwicklung des Brennstoff- und Energiesektors der Republik Tatarstan ab. Tatarstan hat sich deshalb maßgeblich an der Vorbereitung des Entwurfs der neuen Fassung des Gesetzes „Über die Erdkörper unter der Oberfläche" beteiligt.

Wir halten es für zweckmäßig, dass kleinere Erdölvorkommen sowie Grundwasservorkommen, deren Quelle und Bett innerhalb einer administrativen Einheit liegt, den Vorkommen von regionaler Bedeutung zugeordnet werden. Auch Vorkommen anderer als allgemein verbreiteter Bodenschätze sollen als Vorkommen von regionaler Bedeutung eingestuft werden, wenn die Nutzung dieser Bodenschätze überwiegend von sozialer Bedeutung ist. Somit hat die Staatspolitik im Bereich der Nutzung der Erdkörper unter der Oberfläche die Interessen beider Ebenen der Staatsgewalt, der föderalen und der regionalen, zu berücksichtigen.

Ein weiterer wichtiger Teil des Rechtssystems und zugleich ein effektives Instrument der Staatsverwaltung auf regionaler Ebene sind die Befugnisse der regionalen Staatsorgane im Bereich des Umweltschutzes. Im Gegensatz zum Bereich der Nutzung der Erdkörper unter der Oberfläche, wurden den Föderationssubjekten weitergehende Befugnisse zum effektiven Schutz der Umwelt verliehen. Der Katalog der Befugnisse der Föderationssubjekte im Zusammenhang mit dem Umweltschutz ist im Föderalgesetz Nr. 7-FZ „Über den Umweltschutz" vom 10. Januar 2002 festgelegt. Unter anderem ist in diesem Föderalgesetz bestimmt, dass die Föderationssubjekte folgende Befugnisse haben:

- Beteiligung an der Festlegung der Schwerpunkte des Umweltschutzes auf dem Gebiet des Föderationssubjekts
- Beteiligung an der Umsetzung der föderalen Politik der ökologischen Entwicklung der Russischen Föderation auf dem Gebiet des Föderationssubjekts;
- Verabschiedung von Gesetzen und anderen normativen Rechtsakten der Föderationssubjekte über den Umweltschutz und Kontrolle über deren Einhaltung;
- Verabschiedung und Umsetzung regionaler Umweltschutzprogramme
- Beteiligung an der regelmäßigen staatlichen Umweltkontrolle gemäß dem durch die Rechtsakte der Russischen Föderation bestimmten Verfahren und das Recht Umweltbeobachtungssysteme auf dem Gebiet des Föderationssubjekts aufzustellen und zu betreiben
- Durchführung staatlicher Umweltprüfungen in Unternehmen und anderen Objekten auf dem Gebiet des Föderationssubjekts unabhängig von Eigentumsverhältnissen, mit Ausnahme der Objekte, in denen die Umweltprüfung zur Zuständigkeit der Föderation gehört
- Bestätigung der Liste von Amtspersonen der regionalen Staatsorgane, die die Umweltprüfungen durchführen (staatliche Umweltinspektoren des Föderationssubjekts)
- Festlegung der Umweltnormen, die nicht niedriger sind als die föderalen Umweltnormen vorschreiben
- Organisation und Entwicklung des Systems der Ausbildung im Zusammenhang mit dem Umweltschutz und Entwicklung einer Umweltschutzkultur auf dem Gebiet des Föderationssubjekts;
- Klageerhebung auf Beschränkung, Einstellung und/oder Verbot der wirtschaftlichen oder anderen Tätigkeit, die die Umweltschutzgesetzgebung verletzt
- Klageerhebung auf den Ersatz des der Umwelt durch die Verletzung der Umweltschutzgesetzgebung zugefügten Schadens
- Inventaraufnahme von Quellen erhöhter Gefahr für die Umwelt, wenn die Umweltprüfung zur Zuständigkeit des Föderationssubjekts gehört;
- Kontrolle der Zahlung der Entschädigung für die schädliche Einwirkung auf die Umwelt durch Unternehmen und andere Personen gemäß dem in der föderalen Gesetzgebung bestimmten Verfahren, wenn die Umweltprüfung zur Zuständigkeit des Föderationssubjekts gehört

- Führung des Roten Buches (Liste der geschützten Pflanzen- und Tierarten) des Föderationssubjekts
- Bildung von Umweltschutzgebieten von regionaler Bedeutung, Verwaltung und Kontrolle im Zusammenhang mit dem Schutz dieser Gebiete
- Unterrichtung der Bevölkerung über den Zustand der Umwelt auf dem Gebiet des Föderationssubjekts
- Wirtschaftliche Bewertung der Einwirkung der wirtschaftlichen und anderer Tätigkeit auf die Umwelt und Feststellung des Zustands der Umwelt einzelner Gebiete.

Zur Ausübung dieser Befugnisse werden durch die Staatsorgane der Republik Tatarstan kontinuierlich Rechtsakte über den Schutz der Umwelt erlassen.

Der Staatsrat der Republik Tatarstan hat bereits 1997 das erste Gesetz der Republik Tatarstan „Über den Umweltschutz" verabschiedet, das in den folgenden Jahren mehrmals geändert und an die föderale Gesetzgebung angepasst wurde; 2002 wurde die neue Fassung verabschiedet. Die umfassende Verwaltungsreform, die derzeit in der Russischen Föderation durchgeführt wird, macht jedoch weitere Anpassungen der regionalen Gesetzgebung an die sich ändernde föderale Gesetzgebung erforderlich. Daher musste der Staatsrat der Republik Tatarstan auch 2006 das Umweltschutzgesetz ändern.

Einer der ersten normativen Rechtsakte zur Ausübung der Befugnisse, die der Republik Tatarstan durch die föderale Gesetzgebung verliehen wurden, war die Verordnung des Ministerkabinetts der Republik Tatarstan Nr. 615 „Über das Rote Buch der Republik Tatarstan" vom 25. Oktober 1993. Durch diese Verordnung wurde die Liste der seltenen und vom Aussterben bedrohten Pflanzenarten (397 Arten), Tierarten (239 Arten) und Pilzarten (34 Arten) auf dem Gebiet der Republik Tatarstan, die besonders geschützt werden, bestätigt. Das eigentliche Rote Buch, das ein Ergebnis mehrjähriger Arbeit einer großen Gruppe von führenden Wissenschaftlern und Fachleuten darstellt, wurde 1995 veröffentlicht.

Im laufenden Jahr 2006 planen wir die zweite Auflage des Roten Buches der Republik Tatarstan zu veröffentlichen, in dem die positiven Veränderungen im Zustand der Pflanzen- und Tierwelt der Republik der letzten zehn Jahre Niederschlag finden, die durch engagierte und multidisziplinäre Tätigkeit der Organe der Staatsverwaltung, der führenden Wissenschaftler und Umweltschützer zustande gekommen sind.

Ein weiterer Bereich, in dem die Befugnisse der Republik Tatarstan mit Erfolg ausgeübt werden, ist das System der Naturschutzgebiete von regionaler Bedeutung. Zur Entwicklung der Naturschutzgebiete hat das Gesetz der Republik Tatarstan „Über besonders geschützte Naturgebiete", das vom Staatsrat der Republik Tatarstan 1997 verabschiedet wurde, sowie Ausführungsverordnungen der regionalen Regierung wesentlich beigetragen.

Durch eine effektiv organisierte Tätigkeit zur Umsetzung der oben genannten normativen Rechtsakte wurden in den letzten zehn Jahren zehn Naturschutzgebiete von regionaler Bedeutung mit der Gesamtfläche von mehr als 75.000 ha gegründet, die den Kern der besonders geschützten Naturgebiete in der Republik Tatarstan bilden und als Forschungszentren für biologische und landschaftliche Vielfalt der Aufklärung auf dem Gebiet des Umweltschutzes dienen. Die Fläche der Naturschutzgebiete, in denen Pflanzen- und Tierarten erhalten und regeneriert werden, wurde um 260% erweitert.

Die Befugnisse der Republik Tatarstan hinsichtlich der Umweltprüfungen, Klageerhebung auf den Ersatz des Umweltschadens sowie Klageerhebungen auf Beschränkung, Einstellung und/oder Verbot wirtschaftlicher oder anderer Tätigkeit, die die Umweltschutzvorschriften verletzt, werden ebenfalls in vollem Umfang ausgeübt.

Jährlich stellen die staatlichen Inspektoren des Ministeriums für Umweltschutz und natürliche Ressourcen der Republik Tatarstan bis zu 5000 Verletzungen der Umweltschutzvorschriften fest, die auch beseitigt werden, erheben bis 210 Klagen auf den Ersatz des Umweltschadens mit dem Gesamtwert von 140 Mio. Rubel und bis 40 Klagen auf die Einstellung des Baus oder des Betriebs von Unternehmen und anderen Objekten wegen der Verletzung der Umweltschutznormen, denen auch stattgegeben wurde. Allerdings muss berücksichtigt werden, dass die meisten der oben genannten Befugnisse nach föderaler Gesetzgebung im Jahre 2004 von den Föderationssubjekten auf die Gebietskörperschaften übertragen und erst am 1. Januar 2006 zurück auf die Föderationssubjekte übertragen wurden.

Die Befugnisse der Föderationssubjekte betreffend

- Durchführung der staatlichen Umweltprüfungen
- Inventaraufnahme der Quellen erhöhter Gefahr für die Umwelt
- Kontrolle der Zahlungen für die schädliche Einwirkung auf die Umwelt

können die Föderationssubjekte nur insoweit ausüben, als die betroffenen Objekte nicht der föderalen Umweltprüfung unterliegen, wobei die Liste solcher Objekte von der föderalen Regierung zu erlassen ist.

Ferner gehören zahlreiche Befugnisse wie die Durchführung der Umweltprüfungen, Durchführung der regelmäßigen Umweltkontrollen, Festlegung der Normen der Qualität der Umwelt, Verwaltung der Gebühren für den Umweltschaden zur gemeinsamen Zuständigkeit der Föderation und der Föderationssubjekte, ohne dass eindeutige Abgrenzungskriterien existieren. Dadurch sind die Möglichkeiten der Föderationssubjekte eingeschränkt, diese Befugnisse effektiv auszuüben.

Wir sind der Ansicht, dass die staatliche Verwaltung auf dem Gebiet des Umweltschutzes durch die Gewährung ausschließlicher Zuständigkeiten an die Föderationssubjekte zu verbessern ist, und zwar in folgenden Bereichen:

- staatliche Umweltprüfung
- Verwaltung der Gebühren für den Umweltschaden
- staatliche Umweltverträglichkeitsprüfung.

Die vorstehend genannten Besonderheiten der russischen Umweltschutzgesetzgebung verringern die Effizienz der praktischen Anwendung. Aus diesem Grund arbeiten die Staatsorgane der Föderationssubjekte mit den Ausschüssen und Abgeordneten der Staatsduma, Mitgliedern der Föderalen Versammlung und der föderalen Regierung hinsichtlich der Verbesserung der föderalen Umweltschutzgesetzgebung durch präzisere Abgrenzung der Zuständigkeiten zwischen der Föderation und den Subjekten und durch Übertragung einiger Bereiche in die ausschließliche Zuständigkeit der Föderationssubjekte eng zusammen.

In diesem Zusammenhang möchte ich wieder betonen, dass die deutsche Gesetzgebung hinsichtlich der Abgrenzung der Zuständigkeiten des Bundes und der Länder als Muster für den Bereich des Umweltschutzes dienen kann. Ferner ist meines Erachtens ein weiterer wichtiger Aspekt der deutschen Gesetzgebung, dem der russische Gesetzgeber Beachtung schenken sollte, das Recht der Länder, Recht zu setzen, sofern das Grundgesetz keine ausschließliche Zuständigkeit des Bundes vorsieht, sowie die Tatsache, dass die Länder Bundesgesetze in eigener Verantwortung ausführen dürfen.

Abschließend möchte ich die Hoffnung zum Ausdruck bringen, dass die Ergebnisse unserer Diskussion über die rechtlichen Grundlagen des Umweltschutzes in der heutigen Sitzung des russisch-deutschen Runden Tisches einen positiven Impuls für die weitere Entwicklung der russischen Umweltschutzgesetzgebung darstellen.

Rechtsgrundlagen des Umweltschutzes in der Erdöl- und Gaswirtschaft der Russischen Föderation

Eleonora S. Nawassardowa

Die kohlenhydrathaltigen Rohstoffe stellen eine wesentliche Gefahr für die Umwelt in allen Verfahrensphasen (Schürfung, Gewinnung, Transport und Speicherung) dar. Auch bei der Verarbeitung und Verwendung der Rohstoffe kann der Umwelt und der Gesundheit der Bevölkerung Schaden zugefügt werden. Selbstredend ist die Tatsache, dass in Russland die Kraftfahrzeuge den größten Umweltschaden verursachen, wobei dies nicht nur durch die Anzahl der Kraftfahrzeuge, sondern in erster Linie durch die Motor- und die Treibstoffqualität bedingt ist.

Die Klassifizierung der Umweltprobleme, die durch die Erdöl- und Gaswirtschaft verursacht werden, hängt von einer Reihe von Faktoren ab, die nach der Art der Lagerstätten (an Land und auf See), nach den Klimabedingungen (nördliche und südliche), von denen die Möglichkeit der Adaption von Ökosystemen abhängt, nach anderen Besonderheiten der Lagerstätten, z.B. nach dem Vorhandensein natürlicher Radionukliden, die die radioaktive Verseuchung des Gebiets verursachen können, nach den Besonderheiten der an der Lagerstätten und an den Erdöl- und Gasrohrleitungen befindlichen natürlichen Ressourcen, z.B. besonders geschützten seltenen und vom Aussterben bedrohten Tier- und Pflanzenarten, nach den Verarbeitungsphasen der kohlenhydrathaltigen Rohstoffe usw. zusammengefasst werden können. Es ist hervorzuheben, dass die Umweltverschmutzung nicht nur durch ordnungsgemäßen Betrieb, sondern auch durch Havarien verursacht werden kann, die ihrerseits nicht nur auf technische und natürliche Ursachen wie die altersbedingte Abnutzung der Ausrüstung oder die zu Leckverlusten führenden Verkrustungen zurückzuführen sind.

Während in den letzten fünfzehn Jahren Erdölrohrleitungen oft von Personen zum Zweck der rechtswidrigen Zueignung des Erdöls beschädigt wurden, wurden in den letzten Monaten terroristische Anschläge mit politischem Hintergrund beobachtet, durch die Rohrleitungen beschädigt wurden und ein Umweltschaden verursacht wurde. Ein Beispiel dafür ist der terroristische Anschlag, der im Januar 2006 an der Gasrohrleitung Mosdok-Tbilisi verübt wurde.

Seit dem Anfang der 90er Jahre des 20. Jahrhunderts wurde die russische Umweltgesetzgebung maßgeblich gestaltet. In diesem Zeitraum wurden mehr als 20 Föderalgesetze und zahlreiche föderale untergesetzliche normative Rechtsakte und Gesetze der Föderationssubjekte über den Umweltschutz und die Nutzung der natürlichen Ressourcen erlassen.

Die wichtigsten Rechtsquellen des Umweltrechts auf föderaler Ebene, die auch für die Erdöl- und Gaswirtschaft von Bedeutung sind, sind in erster Linie das Föderalgesetz „Über den Umweltschutz" (2002), das Föderalgesetz „Über die staatliche Umweltverträglichkeitsprüfung", das Föderalgesetz „Über die Sicherheit von gefährlichen Industrieanlagen", das Föderalgesetz „Über die technische Regulierung" und einige weitere Gesetze und untergesetzliche normative Rechtsakte, die einheitliche und spezielle Anforderungen im Zusammenhang mit dem Umweltschutz festlegen.

Das Föderalgesetz „Über den Umweltschutz" als das für das Umweltrecht grundlegende Gesetz bestimmt unter anderem die Grundsätze des Umweltschutzes, Methoden der wirtschaftlichen Regulierung, Aufgaben der Umweltschutzverwaltung wie die Umweltverträglichkeitsnormen, Umweltverträglichkeitsprüfung, regelmäßige staatliche Kontrolle des Umweltzustandes und Umweltprüfungen und Sanktionen bei Verletzungen der Umweltgesetzgebung.

Neben allgemeinen Anforderungen, die an wirtschaftliche und andere Tätigkeit im Zusammenhang mit dem Umweltschutz zu stellen sind, enthält Art. 46 des Umweltschutzgesetzes Spezialvorschriften über den Umweltschutz bei der Planung, dem Bau, Umbau, der Inbetriebsetzung und dem Betrieb der Erdöl- und Gasgewinnungsanlagen und Anlagen zur Verarbeitung, zum Transport, zur Speicherung und Verkauf von Erdöl, Gas und deren Erzeugnissen.

Diese Vorschriften sind relativ inhaltslos: Art. 46 Ziff. 1 bestimmt, dass die oben genannten Tätigkeitsarten gemäß den Anforderungen der Umweltgesetzgebung auszuüben sind, Art. 46 Ziff. 2, 3 und 4 verweisen auf die Gesetzgebung über die Umweltverträglichkeitsprüfung, andere staatliche Prüfungen und auf die Bodengesetzgebung, sofern die beschädigten Böden rekultiviert werden müssen. Gleichzeitig werden in diesem Artikel effektive Maßnahmen zur Klärung und Entsorgung der Abfälle, die bei der Gewinnung und Speicherung des Erdölgases und des Mineralwassers, zur Rekultivierung der beschädigten und verseuchten Böden, zur Verringerung der schädlichen Einwirkung auf die Umwelt sowie zum Ersatz des durch den Bau und Betrieb der Anlagen verursachten Schadens gefordert.

Der Bau und Betrieb der Erdöl- und Gasgewinnungsanlagen und Anlagen zur Verarbeitung, zum Transport, zur Speicherung und Verkauf von Erdöl, Gas und deren Erzeugnissen sind nur unter der Voraussetzung zulässig, dass Pläne über die Benutzbarmachung der verseuchten Böden in dem Gebiet, auf das sich die Bergbauberechtigung erstreckt, eingereicht werden, positive Gutachten der staatlichen Umweltverträglichkeitsprüfung und anderer durch die Rechtsakte vorgeschriebener staatlicher Prüfungen vorliegen und Finanzgarantien der Umsetzung der Pläne gegeben sind.

Der Bau und Betrieb von Erdöl- und Gasgewinnungsanlagen und Anlagen zur Verarbeitung, zum Transport und zur Speicherung von Erdöl und Gas, die sich in den Binnengewässern, auf dem Festlandsockel und in der ausschließlichen Wirtschaftszone der Russischen Föderation befinden, sind zulässig, wenn nach der Benutzbarmachung der verseuchten Böden positive Gutachten der staatlichen Umweltverträglichkeitsprüfungen und anderer durch die Rechtsakte vorgeschriebener staatlicher Prüfungen vorliegen.

Einige Anforderungen zum Umweltschutz und zur ökologischen Sicherheit, die auch auf die Einrichtungen der Erdöl- und Gaswirtschaft Anwendung finden, sind im Föderalgesetz „Über die Sicherheit von gefährlichen Industrieanlagen" (1997) und in den Ausführungsvorschriften enthalten.

Das Gesetz definiert gefährliche Industrieanlagen als Anlagen, in denen leicht brennbare Stoffe gewonnen, genutzt, verarbeitet, hergestellt, gespeichert, transportiert und vernichtet werden und/oder Ausrüstung verwendet wird, die unter großem Druck betrieben wird und/oder Anlagen im Bergbau. Die Anlagen der Erdöl- und Gaswirtschaft entsprechen dieser Definition. In den untergesetzlichen normativen Rechtsakten werden die Merkmale der Gefährlichkeit von Anlagen weiter konkretisiert.

Sicherheitsanforderungen in der Industrie sollen den vom Staat bestimmten technischen Normen über den Schutz der Bevölkerung und der Gebiete während des Notstands, über den Seuchenschutz, über die Hygiene, über den Umweltschutz und ökologische Sicherheit, über den Brandschutz, Arbeitsschutz, über die Sicherheit im Bauwesen sowie anderen staatlichen Standards entsprechen.

Der Betrieb von gefährlichen Industrieanlagen ist nur aufgrund von Lizenzen zulässig. Eine Lizenz wird erteilt, wenn das staatliche Protokoll über die Abnahme der gefährlichen Anlage vor der Inbetriebsetzung oder ein positives Gutachten der staatlichen Industriesicherheitsexpertise sowie eine Deklaration über die Sicherheit der gefährlichen Anlage dem Staatsorgan, das für die Lizenzvergabe zuständig ist, vorgelegt wird. Technische Ausrüstung, unter anderem solche, die im Ausland hergestellt wurde, die in einer gefährlichen Anlage eingesetzt wird, muss gemäß den Anforderungen der Industriesicherheit zertifiziert werden. Anforderungen an einzelne Arten der gefährlichen Industrieanlagen sind in untergesetzlichen Spezialvorschriften festgelegt. Als Beispiele können die Verordnung der Föderalen Bergbau- und Industrieaufsicht über die Durchführung der Industriesicherheitsexpertise hinsichtlich der Gasversorgungsanlagen vom 5. Juni 2003 und die Verordnung der Föderalen Bergbau- und Industrieaufsicht über die Durchführung der Industriesicherheitsexpertise in der chemischen Industrie und der Erdölverarbeitungsindustrie vom 18. März 2003 angeführt werden.

Eine der Anforderungen an die gefährlichen Industrieanlagen ist der Abschluss einer Haftpflichtversicherung im Zusammenhang mit dem Betrieb der Anlage. Zu versichern ist die Haftung für den Schaden an Leben, Gesundheit oder Vermögen Dritter und für den Umweltschaden im Falle einer Havarie. Die Mindesthöhe der Versicherungssumme ist gesetzlich festgelegt und beträgt je nach der Tätigkeitsart von 100.000 bis 7 Mio. Rubel.

Das Spezialgesetz „Über die Gasversorgung in der Russischen Föderation" (1999) enthält ebenfalls den Grundsatz der Förderung der ökologischen Sicherheit. Bestimmte umweltrechtliche Anforderungen sind auch in der Gesetzgebung über die Erdkörper unter der Oberfläche, über den Festlandsockel der Russischen Föderation und über die ausschließliche Wirtschaftszone der Russischen

134

Föderation festgelegt. Unter anderem enthält Art. 23 des Föderalgesetzes „Über die Erdkörper unter der Oberfläche" neben den allgemeinen Anforderungen an rationale Nutzung und den Schutz der Erdkörper unter der Oberfläche die Anforderung, Vorbeugungsmaßnahmen im Zusammenhang mit der Verseuchung der Erdkörper unter der Oberfläche bei der Nutzung der Erdkörper unter der Oberfläche, insbesondere bei der unterirdischen Speicherung von Erdöl und Gas, zu treffen. Art. 24 des Gesetzes bestimmt, dass Nutzer der Erdkörper unter der Oberfläche, die Schürfungen und Bohrungen an Erdöl- und Gasvorkommen durchführen, fachkundige Unternehmen zur Vorbeugung und Liquidierung von offenen Erdöl- und Gasfontänen hinzuziehen müssen. Die Regeln betreffend den Schutz von Erdkörpern unter der Oberfläche, die durch die Verordnung der Föderalen Bergbau- und Industrieaufsicht vom 6. Juni 2003 bestimmt wurden, enthalten einen Sonderabschnitt „Anforderungen an die Arbeiten an Erdöl- und Gasvorkommen".

Die Einhaltung der umweltrechtlichen Anforderungen sind in den Föderalgesetzen „Über den Festlandsockel der Russischen Föderation", „Über die auschließliche Wirtschaftszone der Russischen Föderation", „Über innere Gewässer, das Küstenmeer und die Anschlusszone der Russischen Föderation" vorgeschrieben. Besonders ausführliche Regelungen enthält das Föderalgesetz „Über den Festlandsockel", wonach umweltrechtliche Anforderungen an die regionale geologische Aufnahme auf dem Festlandsockel, Aufsuchen und Abbau von Bodenschätzen, unter anderem durch Bohrungen, an die Bildung von künstlichen Inseln, Anlagen und Einrichtungen, Verlegung von Unterwasserrohrleitungen und die Abfallentsorgung gestellt werden.

Zur Umsetzung der umweltrechtlichen Anforderungen an die ökologische Sicherheit der Einrichtungen der Erdöl- und Gaswirtschaft ist ein System von Verwaltungsorganen gebildet worden. Zu diesem System gehören föderale und regionale Exekutivorgane, die staatliche Umweltverträglichkeitsprüfung durchführen, staatliche ökologische Standards festlegen, Lizenzen über die Einwirkungen auf die Umwelt vergeben und regelmäßige staatliche Umweltkontrolle durchführen.

Für die Nichteinhaltung der umweltrechtlichen Anforderungen ist in den Rechtsakten eine strikte Haftung vorgesehen. Es handelt sich dabei in erster Linie um verwaltungsrechtliche und strafrechtliche Sanktionen. Das Strafgesetzbuch der Russischen Föderation enthält neben den allgemeinen umweltrechtlichen Tatbeständen (Art. 246: Verletzung der Umweltschutzvorschriften bei der Ausführung von Arbeiten; Art. 247: Verletzung der Vorschriften über die Veräußerung und Nutzung von den für die Umwelt gefährlichen Stoffen und Abfällen) mehrere Spezialtatbestände im Zusammenhang mit der Verletzung der umweltrechtlichen Spezialvorschriften über den Schutz einzelner Objekte sowie im Zusammenhang mit der Verletzung der Gesetzgebung über den Festlandsockel der Russischen Föderation und der ausschließlichen Wirtschaftszone der Russischen Föderation. Ferner wird in Art. 269 StGB RF Haftung für die Verletzung der Sicherheitsvorschriften beim Bau, Betrieb oder Instandsetzung von Rohrleitungen, wenn dadurch eine schwere Beschädigung der Gesundheit eines Menschen verursacht wurde. Wenn durch die Verletzung der oben genannten Sicherheitsvorschriften neben dem Gesundheitsschaden auch die Verseuchung von Binnengewässern, Seegewässern und/oder Beschädigung von Böden verursacht wird, finden neben Art. 269 StGB RF auch die allgemeinen Vorschriften über die Verbrechen gegen die Umwelt Anwendung.

Ähnlich wird die verwaltungsrechtliche Haftung geregelt. Ob strafrechtliche oder verwaltungsrechtliche Vorschriften Anwendung finden, hängt von der Schwere der Tatfolgen[1] ab. So ist Art. 269 StGB RF anwendbar, wenn durch die Verletzung ein schwerer Gesundheitsschaden verursacht wird, während verwaltungsrechtliche Haftung gemäß Art. 11.20 des Gesetzbuches der Russischen Föderation über die Ordnungswidrigkeiten (Ordnungswidrigkeiten gehören im russischen Recht zum Verwaltungsrecht – Anm. Übers.) bereits eintritt, wenn eine Verletzung der Sicherheitsvorschriften vorliegt.

Im Falle einer schädlichen Einwirkung auf die Umwelt müssen, wenn sie durch einen ordnungsgemäßen Betrieb verursacht wird, Gebühren gezahlt werden. Diese Gebühren sind im Haushaltsgesetzbuch der Russischen Föderation und in der Ausführungsverordnung der Regierung der Russischen Föderation geregelt. Allerdings ist in der russischen Gesetzgebung nicht zwingend vorgeschrieben, dass die Gebühren für die schädliche Einwirkung auf die Umwelt in vollem Umfang für Umweltschutzmaßnahmen verwendet werden sollen. Lediglich in der Stellungnahme des Verfassungsgerichts Nr. 284-o zum Erhebungsverfahren und den Höchstsatz der Gebühr für die Umweltverschmutzung, Entsorgung von Abfällen und andere Arten der schädlichen Einwirkung auf die Umwelt sowie in Art. 7 des Einführungsgesetzes zum Steuergesetzbuch der Russischen Föderation, Erster Teil" vom 10. Dezember 2002 wird darauf verwiesen, dass diese Gebühr eine Entschädigungszahlung darstellt. Die von der föderalen Regierung festgesetzten Sätze müssen hinreichend begründet, gerecht und, gemessen an den Aufwendungen der öffentlichen Verwaltung für den Umweltschutz im Zusammenhang mit der Beseitigung der Folgen der schädlichen Einwirkung, angemessen sein.

Wenn die schädliche Einwirkung infolge einer Rechtsverletzung erfolgt ist, ist der Schädiger verpflichtet, den Schaden zu ersetzen. Der Grundtatbestand für den Ersatz des der Umwelt zugefügten Schadens ist Art. 1064 ZGB, was auch durch den Beschluss des Plenums des Obersten Gerichts „Über die Anwendung der Vorschriften über die umweltrechtliche Haftung durch Gerichte" vom 5.

---

[1] Bei der umweltrechtlichen Haftung ist für die Unterscheidung zwischen der strafrechtlichen und verwaltungsrechtlichen Haftung offensichtlich nicht die schwere Tatfolge, sondern das Vorliegen eines Erfolgs- oder Tätigkeitsdelikts maßgeblich. Allerdings ist die Schwere der Tatfolge das wesentliche Kriterium für die Abgrenzung zwischen der strafrechtlichen und verwaltungsrechtlichen Haftung in den meisten anderen Fällen, z.B. bei der Verletzung der Insolvenzvorschriften, so dass die wörtliche Übersetzung dieses Satzes hier gerechtfertigt ist – Anm. Übers.

November 1998 bestätigt wurde. Eine Ausnahme stellen Fälle dar, in denen der Schaden durch ein Unternehmen, eine Institution oder eine Einrichtung verursacht wird, die Quellen erhöhter Gefahr für die Umwelt darstellen (Art. 1079 ZGB). In diesem Fall trifft die Haftung ohne Verschulden ein, es sei denn, der Schädiger beweist, dass der Schaden aufgrund höherer Gewalt oder durch Vorsatz des Geschädigten entstanden ist. In Art. 1079 ZGB ist der Begriff der Quelle erhöhter Gefahr nicht definiert. Da Einrichtungen der Erdöl- und Gaswirtschaft zu gefährlichen Industrieanlagen im Sinne des besonderen Verwaltungsrechts gehören, liegt es nahe, dass sie auch Quellen erhöhter Gefahr im Sinne des Zivilrechts darstellen.

Die Umweltschutzvorschriften an sich sind allerdings noch keine Garantie für effektiven Umweltschutz. Wie bereits erwähnt wurde, spielt das positive Gutachten der staatlichen Umweltverträglichkeitsprüfung eine große Rolle. Die staatliche Umweltverträglichkeitsprüfung stellt vor der Umsetzung eines wirtschaftlichen oder anderen Vorhabens fest, ob die geplante Tätigkeit den Umweltschutzvorschriften entspricht und ob sie unter Berücksichtigung der möglichen schädlichen Einwirkungen auf die Umwelt und der sich daraus ergebenden sozialen, wirtschaftlichen und anderen Folgen zugelassen werden soll.

Vor kurzem wurde die staatliche Umweltverträglichkeitsprüfung des Projekts der Erdölrohrleitung „Ostsibirien – Pazifik" durchgeführt. Die Bauplanung und der Bau wurden der Gesellschaft Transneft übertragen. Die Rohrleitung soll durch die Gebiete Irkutsk, Tschita, Amur, die Republik Burjatien, das Jüdische Autonome Gebiet, die Kreise Chabarowsk und Primorsk verlegt werden. Die gesellschaftliche Umweltverträglichkeitsprüfung des Projekts, die durch Greenpeace Russland, World Wild Fund (WWF), die regionale Bajkalvereinigung und der „Ökologischen Welle des Bajkal" durchgeführt wurde, hat das Projekt als nicht zulässig eingestuft. Die Unterlagen, die die Gefahren für die Umwelt und die Rechtswidrigkeit des Projekts beweisen, wurden dem Föderalen Dienst für Umwelt-, Technologie- und Kernkraftaufsicht vorgelegt. Wie die Berechnungen des projektausführenden Unternehmens zeigen, wird der Erdölverlust bei einer Havarie mehr als 4000 t betragen. Das Erdöl würde innerhalb des Zeitraums zwischen 20 Minuten und 49 Stunden in den Bajkal-See gelangen. Die Experten gehen davon aus, dass Havarien auf dieser Rohrleitung und infolgedessen auch die Verseuchung des Bajkal-Sees sehr wahrscheinlich sind. Mögliche Ursache der künftigen Havarien kann zum einen die Tatsache sein, dass die Rohrleitung auf dem Dauerfrostboden verlegt wird, so dass beim Auftauen des Bodens die Röhre instabil werden und Korrosion im Frühling zu Erdöllecks führen wird. Es wird auch hervorgehoben, dass die Landschaftsstruktur das Durchkommen der technischen Dienste erschwert, so dass die Verseuchung dieses einmaligen Sees mit Sicherheit zu erwarten ist.

Allerdings ist es möglich, die oben genannten Folgen für den Bajkal-See, zu vermeiden, wenn man die Route der Rohrleitung ändert. Gemäß der russischen Gesetzgebung (unter anderem gemäß dem Befehl des Staatlichen Ausschusses der Russischen Föderation für den Umweltschutz „Über die Einschätzung der Einwirkung der geplanten wirtschaftlichen und anderen Tätigkeit auf die Umwelt in der Russischen Föderation" vom 16. Mai 2000) sind der Auftraggeber oder Auftragnehmer des Projekts, die die Durchführung der staatlichen Umweltverträglichkeitsprüfung beantragen, verpflichtet, Alternativen für die Umsetzung des Projekts in Betracht zu ziehen sowie die Öffentlichkeit an der Vorbereitung und Beratung der Unterlagen zur Einschätzung der Einwirkung der geplanten Tätigkeit auf die Umwelt zu beteiligen. Die Unterlagen zur Einschätzung der Einwirkung der geplanten Tätigkeit auf die Umwelt sind ein Teil der dem Antrag auf die staatliche Umweltverträglichkeitsprüfung beizufügenden Unterlagen. Daher ist es anzunehmen, dass entweder der Auftraggeber (Auftragnehmer) des Projekts alternative Routen nicht berücksichtigt hat oder die Einschätzung nicht ordnungsgemäß durchgeführt wurde.

Derzeit sind in Russland zwei Staatsorgane für die Durchführung der Umweltverträglichkeitsprüfung zuständig: der Föderale Dienst für die Aufsicht über die Nutzung der natürlichen Ressourcen, der dem Ministerium für natürliche Ressourcen der Russischen Föderation untersteht, und der Föderale Dienst für Umwelt-, Technologie- und Kernkraftaufsicht, die der Regierung der Russischen Föderation untersteht. Dabei fehlen die genauen Zuständigkeitsabgrenzungskriterien.

Das Ministerium für natürliche Ressourcen der Russischen Föderation hat sich gegen das Projekt ausgesprochen. Allerdings wird die staatliche Umweltverträglichkeitsprüfung des Projekts vom Föderalen Dienst für für Umwelt-, Technologie- und Kernkraftaufsicht durchgeführt, obwohl die Verwaltung im Zusammenhang mit besonders geschützten Naturgebieten von föderaler Bedeutung, zu dem gemäß dem Föderalgesetz „Über den Schutz des Bajkal-Sees" (1999) auch das Gebiet, in dem die Rohrleitung verlegt werden soll, gehört, eigentlich in die Zuständigkeit des Föderalen Dienstes für die Aufsicht über die Nutzung der natürlichen Ressourcen fällt.

Am 3. März dieses Jahres wurde durch den Befehl des Leiters des Föderalen Dienstes für für Umwelt-, Technologie- und Kernkraftaufsicht das positive Gutachten der staatlichen Umweltverträglichkeitsprüfung bestätigt. Einige Tage später hat das Oberste Gericht der Russischen Föderation die Klage einiger Bürger und Umweltschutzorganisationen mit dem Ziel der Feststellung der Rechtswidrigkeit der Anordnung der Regierung der Russischen Föderation über die Planung und den Bau eines einheitlichen Erdölrohrleitungssystems „Ostsibirien-Pazifik" abgelehnt.

Der Aufsatz wurde im Rahmen des vom Russischen Staatlichen Wissenschaftlichen Fonds finanzierten Projekts Nr. 04-03-00246a „Rechtliche und institutionelle Grundlagen für die wirtschaftliche Verwaltung des Umweltschutzes in der Russischen Föderation" verfasst.

Energiesicherheit der Russischen Föderation: Rechtsprobleme

S. S. Zankowskij

Für die Erörterung der Energiesicherheit der Russischen Föderation als der Sicherheit des Brennstoff- und Energiesektors, der Verbraucher und der gesamten Wirtschaft für den Fall einer ungünstigen Entwicklung spielt die globale Energiesicherheit eine entscheidende Rolle. Daher ist es erforderlich, in diesem Beitrag die völkerrechtlichen Normen und die Rechtsnormen einzelner ausländischer Staaten zu analysieren.

Um den Gegenstand des Beitrages zu bestimmen, soll zunächst der Begriff „Energiesicherheit" definiert werden. Die Energiesicherheit ist ein Teil der nationalen Sicherheit, so dass eine weite Definition angebracht erscheint, zumal die Sicherheit ein Ergebnis des Zusammenwirkens der Politik, des Rechts und der Wirtschaft darstellt. Es ist jedoch geboten, zu Forschungszwecken den Gegenstand des Beitrags auf die rechtlichen Faktoren zu beschränken, die zum einen in einem unmittelbaren Zusammenhang zur Energiesicherheit stehen und zum anderen gegenwärtig besonders aktuell erscheinen.

Die rechtliche Regelung, die die Erhaltung der Energiesicherheit zum Zweck hat, soll sowohl verwaltungsrechtliche als auch zivilrechtliche Elemente enthalten. Mit anderen Worten, die Sicherheit kann in diesem Fall nur das Ergebnis der gemeinsamen Anstrengungen des Staates und der Privatwirtschaft sein. In diesem Zusammenhang sind folgende Aspekte zu beachten:

1. Optimale und präzise Abgrenzung der Zuständigkeiten für die rechtliche Regelung der Energiewirtschaft zwischen der Föderation und den Föderationssubjekten unter Berücksichtigung der Tatsache, dass gemäß Art. 71 lit. i der Verfassung der Russischen Föderation föderale Energiesysteme, Kernkraft und andere Stoffe, aus denen Energie durch Spaltung gewonnen wird, zur ausschließlichen Zuständigkeit der Föderation gehören.

2. Formen und Mittel der staatlichen Kontrolle über die Tätigkeiten der Unternehmen des Brennstoff-. und Energiesektors, einschließlich der Gewinnung, Verarbeitung und des Transports; Befugnisse der Staatsorgane hinsichtlich der Bestimmung der Form und des Inhalts dieser Tätigkeiten, unter anderem in Notsituationen.

3. Befugnisse des Staates hinsichtlich der direkten oder indirekten Regulierung der Preise für Energieträger; Rechtsfolgen der Nichteinhaltung der vom Staat im Rahmen der Preispolitik bestimmten Regeln der Preisbildung durch Privatunternehmen; Staatshaftung für Verluste infolge der Preisregulierung.

4. Rechtsgrundlagen der Diversifizierung der Energieressourcen als der wichtigsten Voraussetzung der Energiesicherheit.

5. Rechtsgrundlagen und Umfang der rechtlichen Regelung zur Schaffung und Erhaltung der Reserven des Energiesystems Russlands, einschließlich der zusätzlichen Kapazitäten, strategischer Vorräte usw.

6. Rechtsgrundlagen für die Energieeinsparung und die Rolle des Staates bei der Einsparung der Energieressourcen; rechtliche Mechanismen zur Förderung der Energieeinsparung.

7. Rechtsgrundlagen für die regelmäßigen Kontrollen des Zustands des Energiesektors; Rechtsgrundlagen für die Transparenz und Mitteilung von Informationen über den Zustand des Sektors; Haftung für die Verletzung der Regeln über die Weitergabe von Informationen.

8. Erneuerung der russischen Gesetzgebung über die Investitionen. Ob ein Sektor für die Investoren attraktiv ist, hängt unmittelbar von dem Investitionsrecht und in erster Linie von der Bestimmtheit im Investitionsrecht ab. Es ist hervorzuheben, dass die gegenwärtige Situation in diesem Zusammenhang nicht zufriedenstellend ist. Derzeit gelten gleichzeitig zwei Gesetze: das Gesetz der RSFSR „Über die Investitionstätigkeit in der RSFSR" vom 26. Juni 1991 und das Föderalgesetz „Über die Investitionstätigkeit in der Russischen Föderation, die durch Kapitalinvestitionen ausgeübt wird" vom 25. Februar 1999, wobei das erstere nur insoweit Anwendung findet, als es dem letzteren nicht widerspricht. Es ist offensichtlich, dass diese Gesetzeslage die Investitionen nicht fördert, so dass die Verabschiedung eines einheitlichen Gesetzes wünschenswert wäre.

Ein weiterer, noch wichtigerer Faktor sind die staatlichen Garantien der Investorenrechte, da die Stabilität der Rechtsgrundlagen für die Investitionen von herausragender Bedeutung ist. Wenn die Rechtsgrundlagen jederzeit zuungunsten der Investoren geändert werden können, sind die sog. rechtlichen Risiken zu hoch.

Daher ist es notwendig, die Möglichkeiten zur Verbesserung der Investitionsgesetzgebung zu erforschen. Auch der Schutz der Kapitalinvestitionen ist zu erweitern. Derzeit ist die Nationalisierung der Kapitalinvestitionen nur unter der Voraussetzung der vorherigen und gleichwertigen Entschädigung durch den Staat und die Requirierung nur aufgrund einer Entscheidung der Staatsorgane gemäß dem ZGB zulässig. Der Nachteil dieser Vorschriften besteht darin, dass die Entschädigung durch den Staat auf die für diese Zwecke im Haushalt vorgesehen Mittel beschränkt ist.

Der wichtigste Nachteil des Föderalgesetzes „Über die ausländischen Investitionen in der Russischen Föderation" vom 9. Juli 1999 ist der enge Geltungsbereich, der nur Ermäßigungen und Garantien für ausländische Investoren umfasst. Die Investoren sollten jedoch, unabhängig davon, ob es sich um einheimische oder ausländische Investoren handelt, gleichgestellt werden.

9. Die Reform der Elektrizitätswirtschaft bezweckt die Einschränkung der Monopole und die Entwicklung des Wettbewerbs in diesem Bereich sowie dadurch indirekt eine Erhöhung der für die Modernisierung der veralteten Anlagen erforderlichen Investitionen in die Elektrizitätswirtschaft.

Die Voraussetzung der Reform war die Privatisierung der Elektrizitätswirtschaft. Die allgemeinen Rechtsakte über die Privatisierung des Staatsvermögens aus dem Anfang der 1990er Jahre konnten nicht auf die Unternehmen des einheitlichen Elektrizitätssystems der Russischen Föderation wegen der Besonderheiten beim Betrieb und der herausragenden Bedeutung für die Bevölkerung angewendet werden. Deswegen wurde durch den Erlass des Präsidenten der Russischen Föderation Nr. 922 „Über die Besonderheiten der Umwandlung der staatlichen Unternehmen, Vereinigungen, Einrichtungen des Brennstoff- und Energiesektors in Aktiengesellschaften" vom 14. August 1992 bestimmt, dass die Privatisierung von Unternehmen des Brennstoff- und Energiesektors in einem besonderen Verfahren erfolgen soll, das durch Erlasse des Präsidenten geregelt wird. Die wichtigsten Erlasse des Präsidenten betreffend die Privatisierung der Elektrizitätswirtschaft waren der Erlass Nr. 923 „Über die Verwaltung der Elektrizitätswirtschaft der Russischen Föderation während der Privatisierung" vom 15. August 1992 und der Erlass Nr. 1334 „Über die Umsetzung des Erlasses des Präsidenten der Russischen Föderation Nr. 922 „Über die Besonderheiten der Umwandlung der staatlichen Unternehmen, Vereinigungen, Einrichtungen des Brennstoff- und Energiesektors in Aktiengesellschaften" vom 14. August 1992 in der Elektrizitätswirtschaft" vom 5. November 1992. Dort wurde das folgende Verfahren festgelegt:

- Das Staatliche Komitee der Russischen Föderation für Staatsvermögen gründet die staatliche Russische Aktiengesellschaft für Energiewirtschaft und Entwicklung der Elektrizitätsversorgung, wobei es in das Stammkapital der Gesellschaft mindestens 49% der Aktien im Eigentum der Russischen Föderation aus dem Stammkapital der Aktiengesellschaften einbringt, die durch Umwandlung von hunderten von Betrieben, einschließlich der Kraftwerke, Elektrizitätsfernleitungen, Bauunternehmen in der Elektrizitätswirtschaft und anderen Betrieben entstanden sind.

- Nach der allgemeinen Regel sind alle Aktien der Russischen Aktiengesellschaft „Einheitliche Energiesysteme Russlands" (im Folgenden: RAOSS) einfache Aktien. Der Anteil des Staates am Stammkapital der RAG binnen drei Jahren ab der Gründung soll nicht weniger als 50% betragen. Die Föderationssubjekte werden an der Verwaltung der RAOSS beteiligt, indem sie insgesamt 30% der Stimmen (jedoch keine Aktien) erhalten; der genaue Anteil der Stimmen einzelner Föderationssubjekte bestimmt sich nach dem jährlichen Verbrauch der Elektrizität in jedem Föderationssubjekt.

- Wenigstens 20% der Aktien der RAOSS wird an die Staatsbürger der Russischen Föderation gegen Privatisierungsscheine verkauft. Die

RAOSS kann ferner zu den Bedingungen und in einem Verfahren, das durch die föderale Regierung bestimmt ist, über die Aktien der Tochtergesellschaften (Kraftwerke), die in ihrem Eigentum stehen, und über die vom Staatlichen Komitee für Staatsvermögen in ihr Stammkapital eingebrachten Aktien verfügen;

- Die Vertreter des Staates im Vorstand der RAOSS und der Generaldirektor (Präsident) werden von der föderalen Regierung ernannt.

Die Entwicklung der Rechtsnormen betreffend die RAOSS hängt mit der Verordnung der Regierung der Russischen Föderation Nr. 784 vom 17. Juli 1998 zusammen, wonach die RAOSS zu Aktiengesellschaften gehört, die eine strategische Bedeutung für die nationale Sicherheit haben, so dass die Aktien der RAOSS im föderalen Staatseigentum (51%) nicht vorzeitig zu verkaufen waren. Gemäß dem Föderalgesetz „Über die natürlichen Monopole" vom 17. August 1995 war die RAOSS ein natürliches Monopol im Zusammenhang mit der Durchleitung. Auf die RAOSS findet auch das Föderalgesetz „Über die Besonderheiten der Zahlungsunfähigkeit (des Bankrotts) der natürlichem Monopole des Brennstoff- und Energiesektors" vom 24. Juni 1999 Anwendung.

Aus der Privatisierung haben sich Probleme ergeben, die unmittelbar die Energiesicherheit betreffen.

Das erste Problem besteht darin, dass sich der Mythos über die Privatisierung als Anreiz für Investitionen nicht bewahrheitet hat. Die Ersetzung des Staatseigentums an der Elektrizitätswirtschaft durch das Privateigentum hat nicht zur Modernisierung der Anlagen geführt, was unter anderem den großräumigen Ausfall der Elektrizität in Moskau am 25. Juni 2005 zur Folge hatte. Solche Ausfälle haben auch später häufig stattgefunden, obwohl die Investitionskomponente der Grundgebühr für Verbraucher für die Dienstleistungen der RAOSS insgesamt 17360 Mio. Rubel betragen hat und die Umsetzung des Projekts „Unterstützung der Reform der Elektrizitätswirtschaft" 24 Mio. US $ gekostet hat. Daraus kann gefolgert werden, dass für die Privatisierung der Elektrizitätswirtschaft nicht nur die rechtliche Regelung des Privatisierungsverfahrens, sondern auch Festlegung der rechtlichen Kriterien der Privatisierungsreife des Sektors erforderlich ist.

Das zweite Problem hängt mit der Rechtsstellung der RAOSS als des Mittelpunkts des einheitlichen Elektrizitätssystems zusammen, die in den normativen Rechtsakten nicht hinreichend bestimmt ist. Die Analyse der Tätigkeit der RAOSS zeigt, dass sie im wesentlichen eine Art Ministerium darstellt, das den ihm unterstehenden Sektor durch Verwaltungsmechanismen steuert, ohne dass dafür eine Ermächtigungsgrundlage in der Gesetzgebung existiert. Auch wenn die RAOSS nach den derzeitigen Prognosen 2008 reformiert wird, wird die Elektrizitätswirtschaft nicht zu einem Bereich, der von Holdinggesellschaften frei ist.

Für die Regulierung der Sektoren als Systeme sollen nicht verwaltungsrechtliche Mechanismen, sondern Verträge angewendet werden. Diese These kann an einem aktuellen praktischen Beispiel veranschaulicht werden:

Eine unter den Bedingungen eines starken Wettbewerbs expandierende Aktiengesellschaft gründet mehrere Tochtergesellschaften. Die Muttergesellschaft ist in diesem Fall daran interessiert, die Tochtergesellschaften so weit wie möglich zu kontrollieren und sich hierfür an der Verwaltung zu beteiligen. Zu diesem Zweck wird ein Vertrag abgeschlossen, der der Muttergesellschaft weitreichende Befugnisse einräumt. Nach diesem Vertrag beteiligt sich die Muttergesellschaft an der Vorbereitung und dem Beschluss über die Geschäftspläne der Tochtergesellschaften, gibt zwingend zu befolgende Anweisungen in Bezug auf die Umsetzung der Geschäftspläne, unter anderem über die Verteilung der freien Finanzmittel innerhalb des Systems und über den Abschluss von Verträgen mit bestimmten Partnern, kontrolliert die täglichen Geschäfte der Tochtergesellschaften, bestätigt die Rechenschaftsberichte der Tochtergesellschaften usw.

Diese Befugnisse gehen weit über die Vorschriften des Art. 105 Ziff. 1 ZGB hinaus, wonach die Tochtergesellschaft lediglich verpflichtet ist, die Entscheidungen der Muttergesellschaft zu wesentlichen Fragen zu befolgen. Nach dem Vertrag dagegen übernimmt die Muttergesellschaft die Befugnisse eines Wirtschaftsverwaltungsorgans, wobei der Schwerpunkt auf Verwaltungsbefugnissen liegt, was in der geltenden Gesetzgebung so nicht vorgesehen ist.

Dabei entsteht die Frage über die rechtliche Einordnung solcher Verträge. Die Gesetze „Über die Aktiengesellschaften" vom 26. Dezember 1995 und „Über die Gesellschaften mit beschränkter Haftung" vom 8. Februar 1998 regeln solche Verträge nicht. Auch das ZGB enthält keine derartigen Vorschriften, da die Rechtsstellung der untergeordneten Tochtergesellschaft eine Ausnahme aus den Grundsätzen des ZGB über die Gleichstellung der Subjekte des Zivilrechts, der Vertragsfreiheit und der Unzulässigkeit des Eingriffs in die Privatsphäre darstellt (Art. 1 Ziff. 1 ZGB). Die Handlungen der Muttergesellschaft aufgrund eines solchen Vertrages könnten sogar nach dem ZGB als Rechtsmissbrauch gemäß Art. 10 qualifiziert werden.

Zu diesem Thema existiert bisher auch keine Rechtsprechung, da bereits aufgrund des internen Verhältnisses die Tochtergesellschaft kaum gegen die Muttergesellschaft klagen wird. Der Vertrag zwischen der Mutter- und Tochtergesellschaft enthält keine Sanktionen für den Fall der Nichterfüllung, vielmehr wird bei der Verletzung des Vertrages das Management ausgewechselt. Trotzdem könnte ein solcher Vertrag vom Gericht als unwirksam angesehen werden, da ein solcher Vertragstyp nicht gesetzlich geregelt ist. Andererseits sind solche Verträge von großer praktischer Bedeutung, so dass die traditionelle Auffassung des Zivilrechts über die Gleichstellung der Parteien hier nicht angemessen erscheint.

Wenn allerdings solche Verträge gesetzlich geregelt wären, könnten sie nicht als rechtsmissbräuchlich für unwirksam erklärt werden. Im russischen Recht existiert kein Gesetz, in dem Über- und Unterordnungsbeziehungen zwischen den Subjekten des Zivilrechts detailliert geregelt sind. In einem solchen Gesetz, das sowohl Aspekte der Über- und Unterordnung als auch Aspekte der Gleichordnung in der wirtschaftlichen Tätigkeit näher regeln würde, könnten solche Verträge als Verträge über die wirtschaftliche Verwaltung geregelt werden.

Dabei spielt es meines Erachtens keine Rolle, dass die Verwaltung in solchen Verträgen nicht von einem Staatsorgan, sondern von einer privaten Gesellschaft ausgeht. Diese Einwirkung ist nicht verwaltungsrechtlicher Art, sondern einer für Russland neuer Art, weil sie auf Über- und Unterordnungsverhältnissen beruht, jedoch nicht dem staatlichen, sondern dem privaten Interesse der Großkonzerne dient, deren Teile grundsätzlich unabhängig sind.

Eine solche Regelung könnte auch im Falle der internen Organisation der RAG und neuer Gesellschaften Anwendung finden, die im Zuge der Reform entstehen werden.

Das dritte Problem sind die Rechtsgrundlagen der Elektrizitätswirtschaftsreform. Die Tätigkeit der RAG und der gesamten Elektrizitätswirtschaft können nicht lediglich durch allgemeine Vorschriften des ZGB und des Aktiengesetzes geregelt werden. Da die Elektrizitätsversorgung von grundlegender Bedeutung ist, soll sich die Elektrizitätswirtschaft nicht spontan entwickeln. Davon ist auch der russische Gesetzgeber ausgegangen, indem er die „Trial-und-error"-Phase abgeschlossen und mehrere Spezialgesetze verabschiedet hat, die der Herstellung des Interessenausgleichs zwischen dem Staat, den Elektrizitätsversorgungsunternehmen und den Verbrauchern unter marktwirtschaftlichen Bedingungen dienen sollen.

Leider sind auch diese Gesetze nicht von so hoher Qualität, wie erhofft. Das grundlegende Föderalgesetz Nr. 35-FZ vom 26. März 2003 ist selbst für Juristen kaum verständlich. Es gehört nicht zu der Kategorie der Gesetze, „die Juristen für Juristen schreiben". Vielmehr ist es nur sehr Spezialisten mit langjähriger Berufserfahrung in der Elektrizitätswirtschaft, in erster Linie Ingenieuren der Elektrotechnik, zugänglich. Aus den Ausführungen folgt, dass die Probleme der rechtlichen Regelung im Zusammenhang mit der Energiesicherheit durch die Verbesserung der geltenden Rechtsakte und durch den Erlass neuer Rechtsakte gelöst werden können.

**Veröffentlichungen des Instituts für deutsches und europäisches
Wirtschafts-, Wettbewerbs- und Regulierungsrecht der Freien Universität Berlin**

Herausgegeben von Franz Jürgen Säcker

Band 1   Franz-Jürgen Säcker (Hrsg.): Deutsch-russisches Energie- und Bergrecht im Vergleich. Ergebnisse einer Arbeitstagung vom 31. März / 1. April 2006. 2007.

Band 2   Franz Jürgen Säcker / Walther Busse von Colbe (Hrsg.): Wettbewerbsfördernde Anreizregulierung. Zum Anreizregulierungsbericht der Bundesnetzagentur vom 30. Juni 2006. 2007.

Band 3   Dirk Zschenderlein: Die Gleichbehandlung der Aktionäre bei der Auskunftserteilung in der Aktiengesellschaft. Zum Problem der Zulässigkeit der Weitergabe von Informationen an einzelne Aktionäre und Dritte. 2007.

www.peterlang.de

Peter Lang · Europäischer Verlag der Wissenschaften

Jürgen F. Baur / Kai Uwe Pritzsche / Christopher Bremme (Hrsg.)

Basistexte zum Europäischen Energierecht

Frankfurt am Main, Berlin, Bern, Bruxelles, New York, Oxford, Wien, 2007.
XV, 783 S., zahlr. Tab.
ISBN 978-3-631-56189-8 · br. € 98.–*

Die zunehmende Vernetzung der nationalen Volkswirtschaften zeigt sich besonders deutlich im Bereich der Versorgung mit Strom und Gas. Der entstehende Wettbewerb hat zu einem starken Konzentrationsprozess auf diesen Märkten geführt. Ein Ende ist hierbei nicht abzusehen. Daneben spielen Fragen der Versorgungssicherheit, einer wettbewerbsfähigen Energieversorgung und des Umweltschutzes auf der nationalen, aber insbesondere auch auf der internationalen Ebene eine bedeutende Rolle. Zur Lösung vielfältiger Herausforderungen im Energiebereich wird deswegen ein transnationaler Rechtsrahmen immer wichtiger. Europäisches Recht aus Brüssel füllt ihn zunehmend aus. Die dort erlassenen Richtlinien und Verordnungen stellen allerdings einen sehr unübersichtlichen Rechtskomplex dar. Aufgabe dieser Sammlung ist es, dieses europäische Recht sowie die wichtigsten deutschen Umsetzungsakte in übersichtlicher, systematischer Form dem Benutzer zur Verfügung zu stellen.

Aus dem Inhalt: Sammlung der wichtigsten europäischen Verordnungen, Richtlinien und Vermerke zum Energierecht · Unter anderem Richtlinien und Verordnungen aus dem Bereich Elektrizität, Gas und Erneuerbare Energien · Die wichtigsten europäischen Kartell- und Wettbewerbsvorschriften sowie die wichtigsten deutschen Umsetzungsgesetze

Frankfurt am Main · Berlin · Bern · Bruxelles · New York · Oxford · Wien
Auslieferung: Verlag Peter Lang AG
Moosstr. 1, CH-2542 Pieterlen
Telefax 00 41 (0) 32 / 376 17 27

*inklusive der in Deutschland gültigen Mehrwertsteuer
Preisänderungen vorbehalten

Homepage http://www.peterlang.de